KINZAI バリュー叢書

ゼロからわかる
知的財産のしくみ

土生　哲也 [著]

一般社団法人 金融財政事情研究会

はじめに

筆者が初めて知的財産の入門書を上梓したのは、いまから8年前になります。その巻頭に次のように書きました。

（前略）インターネットの世界では、誰もが自由に参加することが可能な、双方型の利用形態である「Web2.0」への流れが加速しています。

これを知財の世界になぞらえるならば、これまでは企業の知的財産部門や弁護士、弁理士などの外部の専門家に任せきりであった知財業務の領域に、多くのビジネスパーソンや研究者が双方向で参加する、「知財2.0」とでもいうべき状況への転換が求められているところではないでしょうか。（中略）

本書が、「知的財産のしくみ」を理解することに役立ち、知財の世界とビジネスや研究開発の現場を結びつける橋渡しとして、「知財2.0」のステージに進む一助となれば幸いです。（後略）

あれから8年を経て、状況はどのように変わったでしょうか。企業の知財部門で声高にいわれ始めていた事業・研究開発との三位一体、経営に資する知財といった考え方は、当然に意識すべきコンセンサスとなっています。知的財産の専門家である弁理士の数は、3割程度増加して1万人を超えました。2008年

には国家試験である知的財産管理技能検定が開始され、6万人を超える知的財産管理技能士が誕生しています。

このように、知的財産に直接かかわる側の意識や人材の数が変化する一方、ビジネスの現場はどうでしょうか。

特許の出願件数は2割近く減少、知的財産に関係する訴訟件数はほぼ横ばいで推移するなど、企業活動で知的財産を意識する場面が増えたとは言いがたい状況です。当時、一部の地域金融機関が取組みを始めていた知的財産を担保にした融資も、広がりをみせている状況にはありません。「知財の双方向化」は、なかなか進展していないのが現状です。

その間の日本経済を振り返ってみると、リーマンショック、東日本大震災と2つの大きな試練に直面しました。生き残りのための構造改革に追われ、知的財産を活かして新規事業を立ち上げるという、前向きな投資に意識が向きにくい経営環境が続いたことは否めません。

しかし、日本経済は明らかに変化してきました。上場企業はROE重視の姿勢を鮮明にして、成長のための投資に資金を振り向ける動きをみせています。地方再生の担い手として、中小企業の活性化に向けたさまざまな施策が打ち出されるようになりました。新しい事業、成長の種となる知的財産に注目が集まるのは必然であり、知的財産を意識する場面が増えるようでないと、経済成長も覚束ないものになってしまうでしょう。

専門家に任せておくだけでない「知財の双方向化」は、まさにこれからが本番です。

本書は、企画、開発、営業、財務など企業のさまざまな部門や、金融機関、中小企業の経営支援機関などで活躍するビジネスパーソンが、知的財産の「専門家としての知識」ではなく、「専門家と話すための知識」を身につけるための入門書という位置づけで書き下ろしました。一読すれば、知的財産とはどういうものか、そのアウトラインと勘所をつかむことができるように、簡潔さとわかりやすさを重視したため、十分に説明できなかった箇所も残っています。

　知的財産の活かし方について詳しく知りたい方は、中小企業の具体例を多数紹介した拙著『元気な中小企業はここが違う！──知的財産で引き出す会社の底力』（KINZAIバリュー叢書）を、ぜひご一読ください。知的財産に関する最新の話題や政策動向は、『日本の知財戦略』（中原裕彦著、KINZAIバリュー叢書）に詳しく紹介されています。制度面に関する知識をしっかり身につけたい方は、初級の知識が問われる知的財産管理技能検定3級を目標にしてみるのもよいでしょう。

　最後になりましたが、本書のコンセプトを理解して出版にご尽力をいただいた、一般社団法人金融財政事情研究会の田島正一郎様にあらためて御礼申し上げます。「知財の双方向化」の担い手となってほしい金融機関との関係が深い同会から、本書を上梓できることを大変嬉しく思います。

2015年7月

　　　　　　　　　　　　　　　　　　　　　　土生　哲也

目　次

第1章　「知的財産」とは何か

1　「知財活用」「知財戦略」「知財立国」などに使われる「知財」とは、何を指しているのですか ……………… 3
　(1)　国家戦略として重視される「知財」……………… 3
　(2)　「知財」とは何か ……………………………………… 3
　(3)　「知的資産」はより広いとらえ方 ………………… 5

2　「知的財産」とはどのようなものか、その特徴について説明してください ……………………………………… 7
　(1)　「知的財産」とは何か ……………………………… 7
　(2)　占有することができない知的財産 ……………… 9

3　知的財産はどのような制度によって保護されるのか、知的財産を保護する知的財産権にはどのような種類があるのか教えてください ……………………………… 11
　(1)　知的財産を保護する2つの法体系 ……………… 11
　(2)　知的財産権の分類 …………………………………… 12

4　「知的財産」と「知的財産権」は、企業活動においてどのような役割を果たしていますか ………………… 15
　(1)　差異化要因としてはたらく知的財産 …………… 15
　(2)　知的財産による優位性を維持する必要性 …… 16
　(3)　「城」から知的財産と知的財産権をイメージして

みよう ………………………………………………… 16
5　商品と知的財産の関係と、知的財産を保護する基本
　　的な考え方について教えてください ……………………… 19
　(1)　1つの対象物にさまざまな知的財産が存在する ……… 19
　(2)　知的財産の多面的な保護 ……………………………… 20
　(3)　知的財産権を効果的に組み合わせ ……………………… 21
6　「知的財産の活用」とは、特許権などの権利の行使
　　や権利のライセンスを指しているのですか ……………… 23
　(1)　求められる「知的財産の活用」 ………………………… 23
　(2)　「知的財産の活用」とは何か …………………………… 24
　(3)　売上げを生み出すのは知的財産 ………………………… 25
　(4)　知的財産権で利益を守る ………………………………… 26
　(5)　活用される対象は「知的財産」 ………………………… 26
　(6)　知的財産を意識した取組みの多様なはたらき ………… 27
　[コラム]　知的財産の価値評価はどのように行うのか？ …… 29

第2章　技術開発の成果を保護する知的財産制度

1　技術開発によって生まれた新たなアイデアを保護す
　　るためには、特許権を取得することが必要ですか ……… 33
　(1)　発明を守る2つの方法 …………………………………… 33
　(2)　特許権を取得する ………………………………………… 34
　(3)　営業秘密として管理する ………………………………… 34
　(4)　営業秘密には法的な保護も与えられる ………………… 35

(5)　外国における発明の保護 ……………………………… 36
2　発明を保護する特許制度はなぜ設けられることに
　なったのか、制度の目的を教えてください ………………… 38
　(1)　特許法は「産業の発達」を目的とする ……………… 38
　(2)　発明は独占されるべきなのか ………………………… 39
　(3)　特許制度の本質は「保護と利用のバランス」 ……… 39
3　特許権によって保護される「発明」とは、どのよう
　なものですか ……………………………………………………… 42
　(1)　自然法則を利用した技術的思想の創作のうち高度
　　　のもの ……………………………………………………… 42
　(2)　保護されるのは「アイデア」 ………………………… 43
　(3)　文章化できること ……………………………………… 44
4　「ビジネスモデル特許」という言葉を耳にすること
　がありますが、ビジネスモデルについて特許を取得で
　きるのですか ……………………………………………………… 45
　(1)　かつて起こった「ビジネスモデル特許」ブーム …… 45
　(2)　「ビジネスモデル」は特許の対象にならない ……… 45
　(3)　何が特許の対象になっているのか …………………… 46
　(4)　ビジネス関連発明の特許取得はむずかしいか ……… 48
5　特許を受けるためには、どのような要件を満たすこ
　とが必要ですか …………………………………………………… 51
　(1)　拒絶理由が見つからなければ特許査定を受けられ
　　　る …………………………………………………………… 51
　(2)　産業上利用することができること …………………… 51

- (3) 新規性があること …………………………………… 52
- (4) 進歩性があること …………………………………… 52
- (5) 先願であること ……………………………………… 53
- (6) その他の要件 ………………………………………… 53

6 特許を出願するには、どのような書面が必要ですか …… 54
- (1) 特許出願に必要な書面 ………………………………… 54
- (2) 発明の内容を開示する「明細書」 …………………… 55
- (3) 発明の技術的範囲を特定する「特許請求の範囲」 …… 55
- (4) どのくらいの数の特許が出願されているのか ……… 56

7 特許出願の審査はどのように進められるのか、出願から査定までの流れについて説明してください ………… 58
- (1) 原則として出願日から1年6カ月後に出願公開される ……………………………………………………… 58
- (2) 実体審査を受けるには審査請求が必要 ……………… 59
- (3) 拒絶理由通知とその対応策 …………………………… 60
- (4) 特許査定と拒絶査定 …………………………………… 61
- (5) どのような企業が特許権を取得しているのか ……… 61

8 特許査定や拒絶査定に対して、不服を申し立てることは可能ですか ………………………………………… 63
- (1) 審査ですべてが確定するわけではない ……………… 63
- (2) 拒絶査定に不服がある場合 …………………………… 63
- (3) 成立した特許を消滅させたい場合 …………………… 64
- (4) 決定や審決について争いたい場合 …………………… 65

9 特許権の効力が及ぶ技術的範囲をどのように判断す

ればよいのか教えてください ……………………………… 67

　(1) 特許請求の範囲によって決まる特許発明の技術的

　　　範囲 ……………………………………………………… 67

　(2) 一致しない構成要素があれば技術的範囲に属さな

　　　い ………………………………………………………… 68

　(3) クレーム解釈によって決まる特許発明の技術的範

　　　囲 ………………………………………………………… 69

10　特許権を取得すれば、どのように活用することができますか ……………………………………………………… 71

　(1) 特許発明を活用する3つの形態 ……………………… 71

　(2) 自ら特許発明を実施する ……………………………… 71

　(3) 特許権をライセンスする ……………………………… 72

　(4) 特許権を譲渡する ……………………………………… 73

11　特許権のライセンスには、どのような形態がありますか ……………………………………………………………… 74

　(1) 専用実施権と通常実施権 ……………………………… 74

　(2) 専用実施権は実質的には譲渡に近い ………………… 74

　(3) 通常実施権は複数の実施権者に設定できる ………… 75

12　ライバル企業に特許権を侵害されたら、どのように対応すべきですか ……………………………………………… 77

　(1) 特許権によるけん制効果 ……………………………… 77

　(2) 警告書を送付する ……………………………………… 78

　(3) 裁判以外の手段によって解決する …………………… 79

　(4) 裁判で権利を行使する ………………………………… 79

(5) 知的財産高等裁判所とは ………………………………… 80
13 特許権は排他的な効力のある権利なので、特許権を取得すればビジネスを独占できますか ……………………… 81
(1) 特許権があればビジネスを独占できるとは限らない ……………………………………………………………… 81
(2) 特許権によって独占できるビジネス ……………………… 81
(3) 特許権があっても独占できないビジネス ………………… 82
(4) クロスライセンスとパテントプール ……………………… 82
14 特許権を侵害していると警告を受けたら、どのように対応すべきですか ………………………………………… 85
(1) 警告書の有効性を確認する ………………………………… 85
(2) 特許発明の技術的範囲に属するか ………………………… 86
(3) 先使用権の存在や特許権の無効を主張できないか …… 87
(4) 特許権侵害と判断せざるをえない場合 …………………… 88
15 企業の従業員が行った発明について、特許を受けることができるのは企業と従業員のどちらですか ………… 90
(1) 特許を受ける権利は発明者に発生する …………………… 90
(2) 職務発明に関する争い ……………………………………… 91
(3) 職務発明に関する規定の改正 ……………………………… 91
(4) 職務発明以外の発明はどのように扱われるか …………… 92
16 外国で特許権を取得するためには、どのような方法がありますか ………………………………………………… 93
(1) 外国で保護を受けるにはその国で有効な特許権が必要 ……………………………………………………………… 93

(2) パリ条約による優先権を主張して出願する............93
　(3) 特許出願の手続を統一する特許協力条約..............95
　(4) 国際出願制度を利用するメリット....................96
　(5) 増加する国際出願..................................97
　[コラム] 特許権の取得費用は会計上どのように処理され
　　　　　るのか？......................................98

17 実用新案制度とはどのような制度か、特許制度との
　　違いを中心に説明してください..........................100
　(1) 実用新案制度と特許制度の違い......................100
　(2) 無審査登録制度が大きな特徴........................100
　(3) 実用新案制度の現状................................102

18 ノウハウが営業秘密として保護されるためには、ど
　　のような要件を満たすことが必要ですか..................103
　(1) 技術情報を秘密管理する............................103
　(2) 営業秘密として保護される要件......................103
　(3) 秘密管理されていると認められる管理方法............104
　(4) 営業秘密を管理することによる効果..................105
　[コラム] 知的財産によって資金調達ができるのか？........107

第3章 工業デザインや営業標識を保護する知的財産制度

1 工業デザインを保護する意匠制度とは、どのような
　　制度ですか..113

- (1) 意匠権は工業デザインを保護する ………………… 113
- (2) 意匠と物品で権利の効力が及ぶ範囲が決まる ……… 114
- (3) 1つの製品が多面的に保護されることもある ……… 114
2 意匠登録を受けるための要件と、意匠登録出願から査定までの流れについて説明してください ……………… 116
- (1) 登録対象は意匠法上の「意匠」……………………… 116
- (2) 工業上利用することができること ………………… 116
- (3) 新規性があること …………………………………… 117
- (4) 容易に創作できたものでないこと（創作非容易性）… 117
- (5) 先願であること ……………………………………… 117
- (6) 意匠登録出願とその審査 …………………………… 118
- (7) 外国での意匠権の取得 ……………………………… 119
3 意匠権を取得しなければ、工業デザインを模倣されても保護を受けることはできないのですか ……………… 121
- (1) 意匠権によって登録意匠が保護される ……………… 121
- (2) 不正競争防止法によっても保護される商品のデザイン ……………………………………………………… 122
- (3) 不正競争防止法のデッドコピー対策の規定 ………… 122
4 商標制度とその保護対象について説明してください … 124
- (1) 商標とはどのようなものか ………………………… 124
- (2) 商標と商号はどのように違うのか ………………… 125
- (3) どのような商標の登録が必要か …………………… 126
5 商標登録を受けるためには、どのような要件を満たすことが必要ですか ……………………………………… 128

- (1) 登録主義と使用主義 …………………………… 128
- (2) 識別力を有する商標であること ……………………… 128
- (3) 登録を受けられない要件に該当しないこと ……… 129
- (4) その他の登録要件 ……………………………… 130
- (5) 地域ブランドを保護する制度 ………………… 131

6 商標登録出願から査定までの流れについて説明してください …………………………………………………… 132
- (1) 商品・役務を指定して商標登録出願を行う ……… 132
- (2) 拒絶理由通知とその対応策 …………………… 132
- (3) 登録査定と拒絶査定 …………………………… 134
- (4) 拒絶査定に不服がある場合 …………………… 134
- (5) 外国での商標権の取得 ………………………… 135
- (6) 商標の国際登録制度 …………………………… 135

7 商標権を取得することによって、どのような行為を禁止することができますか …………………………… 138
- (1) 更新登録によって半永久的に存続可能 ………… 138
- (2) 指定商品・指定役務と商標権の効力が及ぶ範囲 …… 138
- (3) 類似する商標の使用を禁止することもできる …… 140
- (4) 商標としての使用でなければ使用を禁止できない … 140

8 商標登録を受けた後は、どのような点に留意した管理が必要ですか …………………………………………… 142
- (1) 登録商標が取消しや無効になることがある …… 142
- (2) 登録商標の使用 ………………………………… 143
- (3) 普通名称化の防止 ……………………………… 144

- (4) 更新登録申請や登録料納付の期限管理 …………… 144
- (5) 登録後の業務範囲の拡大にも留意 …………………… 145
9 商標権を侵害していると警告を受けたら、どのように対応すべきですか ………………………………………… 146
- (1) 警告書の有効性を確認する ……………………………… 146
- (2) 商標権の効力が及ぶ範囲での使用に該当するか …… 147
- (3) 侵害しないと主張する根拠はないか ………………… 148
- (4) 商標権侵害と判断せざるをえない場合 ……………… 148
10 商標権を取得しなければ、商品名やロゴマークなどの営業標識を模倣されても保護を受けることはできないのですか ……………………………………………………… 150
- (1) 商標権によって登録商標が保護される ……………… 150
- (2) 不正競争防止法によっても保護される営業標識 …… 150
- [コラム] 知的財産に関する問題は、だれに相談すればよいのか？ ………………………………………………… 153

第 4 章　創作的な表現を保護する知的財産制度

1 著作権制度とはどのような制度か、著作権と特許権の相違点も含めて教えてください ……………………… 157
- (1) 文化の発展を目的とする著作権制度 ………………… 157
- (2) 産業的な色合いを強める著作権制度 ………………… 157
- (3) 特許権と異なる著作権の特徴 ………………………… 158
- (4) 著作権制度を理解するポイント ……………………… 160

2 著作権によって保護される著作物には、どのような
  ものが該当しますか ………………………………… 161
  (1) どのようなものが著作物に該当するか ………… 161
  (2) その他の著作物 ……………………………………… 162
3 著作権法において著作者となるのはだれか、法人が
  著作者となることがあるのか教えてください ………… 164
  (1) 著作者の一般原則 …………………………………… 164
  (2) 共同著作となる場合 ………………………………… 164
  (3) 法人著作となる場合 ………………………………… 165
  (4) 映画の著作物の著作者 ……………………………… 166
4 著作物を創作した著作者には、どのような権利が発
  生しますか ………………………………………………… 167
  (1) 著作者人格権と著作権（著作財産権）…………… 167
  (2) 著作者人格権とは …………………………………… 168
  (3) 著作権とは …………………………………………… 168
5 著作権の具体的な内容と、保護期間について説明し
  てください ………………………………………………… 170
  (1) 著作権の内容 ………………………………………… 170
  (2) 著作権の保護期間 …………………………………… 172
6 著作物について発生した著作権には、どのような活
  用形態がありますか ……………………………………… 174
  (1) 著作権の活用形態 …………………………………… 174
  (2) 出版権の設定 ………………………………………… 175
  (3) 複製物の所有権と著作権の関係 …………………… 175

7 著作権者の許諾を得ることなく、著作物を利用できることがありますか ………………………… 178
 (1) 著作権の効力が制限されることがある ………… 178
 (2) 私的な目的の複製は許される ……………… 178
 (3) 一定の要件を満たせば引用も可能 ………… 179
 (4) そのほかに著作権が制限される場合 ………… 180

8 著作権侵害と判断されるのは、他人の著作物をどのように利用する場合ですか ………………………… 182
 (1) 著作権の侵害となる場合 ……………………… 182
 (2) 他人の著作物に「依拠」するとは ……………… 183
 (3) 侵害された場合の救済手段 …………………… 184

9 著作物を社会に伝える役割を担う実演家やレコード製作者には、どのような権利が認められますか ……… 185
 (1) 著作物の実演などで著作隣接権が発生 ……… 185
 (2) 著作隣接権の内容 ……………………………… 185
 (3) 著作隣接権の保護期間と効力 ………………… 186

 [コラム] コンピュータプログラムの保護は、著作権のみで万全か？ ……………………………… 189

事項索引 ………………………………………………… 193

第 1 章

「知的財産」とは何か

新聞や雑誌の記事でよく見かける「知財」という言葉は、「知的財産」、あるいは「知的財産権」の略称として用いられているものです。どちらも「知財」と略され、意味の違いをあまり意識することなく使われることが多いものの、両者の定義は同じではありません。実は、この「知的財産」と「知的財産権」の意味と役割を正しく理解することが、企業経営における「知的財産」の位置づけを考えるうえで、とても重要になると考えられます。

　そこで、本章では「知的財産」と「知的財産権」の基本的な意味と役割を整理して、本書で扱う「知的財産」がどのようなものかを明らかにしていきます。

1 「知財活用」「知財戦略」「知財立国」などに使われる「知財」とは、何を指しているのですか

(1) 国家戦略として重視される「知財」

知財活用、知財戦略、知財立国、知財管理、知財高裁……

いずれも、新聞や雑誌の記事などで取り上げられることがあるテーマです。ビジネスのさまざまな場面で「知財」の文字を見かける機会が多くなったと感じることはありませんか。

日本経済のけん引役として、わが国が得意とする先端技術やコンテンツ産業に期待が集まっています。こうした分野において、競争力の源となるのが「知財」です。「知財」のいっそうの活用を促すことで、わが国産業の競争力を強化しようという考え方は、産業界のコンセンサスになっているといってもよいでしょう。

2003年3月の知的財産基本法の施行によって、知的財産の創造、保護、活用による産業の活性化は、明確に国家戦略と位置づけられることになりました。政府は毎年、知的財産推進計画を策定し、知的財産の創造、保護、活用を推進して、産業を活性化するための施策の強化に取り組んでいます。

(2) 「知財」とは何か

このように、わが国の産業を考えるうえで重要なテーマと

なっている「知財」ですが、具体的に「知財」に対してどのようなイメージをもっているでしょうか。

オンリーワンの優れた技術、一流ブランドの特徴的なデザイン、高額のライセンス料を生む特許権、フランチャイズ本部がライセンスする商標権、世界に誇る日本のアニメ……。これらはいずれも「知財」と呼ばれることがあるものですが、正確にいうと、これらのなかには「知的財産」と「知的財産権」という2つの概念が混在しています。

「知的財産」と「知的財産権」のそれぞれの意味は、知的財産基本法では、図表1－1のように定義されています。

わかりやすくいえば、技術開発などの創作活動をはじめとする事業活動によって生み出されるのが「知的財産」で、その「知的財産」を法的に保護する権利が「知的財産権」です。それぞれの役割の違いは後に説明しますので、ここでは「知財」

図表1－1 「知的財産」と「知的財産権」

> 【知的財産】　発明、考案、植物の新品種、意匠、著作物その他の人間の創造的活動により生み出されるもの（発見又は解明がされた自然の法則又は現象であって、産業上の利用可能性があるものを含む。）、商標、商号その他事業活動に用いられる商品又は役務を表示するもの及び営業秘密その他の事業活動に有用な技術上又は営業上の情報
> 【知的財産権】　特許権、実用新案権、育成者権、意匠権、著作権、商標権その他の知的財産に関して法令により定められた権利又は法律上保護される利益に係る権利
>
> （知的財産基本法2条より）

という言葉が、「知的財産」と「知的財産権」の2つの意味で用いられているという事実を確認しておくことにしましょう。

(3) 「知的資産」はより広いとらえ方

このほかにも「知的財産」と混同しやすい概念として、「知的資産」をあげることができます。「知的資産経営報告書」といったテーマで、金融関係者の間でも話題になることがあるのではないでしょうか。

「知的資産」「知的財産」「知的財産権」の関係は、図表1－2に整理したとおりですが、「知的資産」は「知的財産」も含めたより広い概念です。人材、組織といった知的財産としては保護されない無形の資産を幅広く含むもので、物的資産の蓄積

図表1－2 「知的資産」の位置づけ

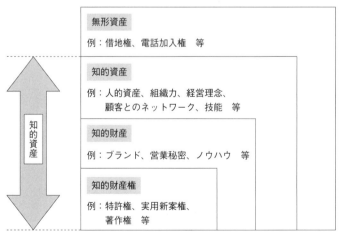

(出典) 経済産業省ホームページ「知的資産経営ポータル」

が十分でない中小企業の強みを伝える手段として、知的資産に関する情報を開示する知的資産経営報告書の活用が期待されているところです。

2 「知的財産」とはどのようなものか、その特徴について説明してください

(1) 「知的財産」とは何か

「知的財産」とは、具体的にどのようなものを指すのでしょうか。特許権、商標権、著作権……こうした独占的な権利のこと、特に「知的財産といえば特許」というイメージをもつ方が少なくないようです。

ここで、もう一度、知的財産基本法の定義を見直してみることにしましょう。

「発明、考案、植物の新品種、意匠、著作物その他の人間の創造的活動により生み出されるもの（中略）、商標、商号その他事業活動に用いられる商品又は役務を表示するもの及び営業秘密その他の事業活動に有用な技術上又は営業上の情報」

どうでしょうか。どこにも「特許」の文字は見当たりません。この定義に含まれているのは、特許権ではなく、特許権の対象となることがある「発明」です。「著作権」についても、「著作権」ではなく「著作物」です。

このように、知的財産基本法に定義されている「知的財産」は、特許権や著作権などの知的財産権を指しているわけではありません。新たに創作されたものや価値のある情報、それ自体が知的財産に当たるものです（図表1－3）。つまり、特許権な

図表1-3　創作活動や事業活動から生まれる知的財産の例

【スマートフォン】	【書籍】	【バッグ】
タッチパネルの操作方法、画像処理のアルゴリズムetc. ⇒発明 OS等のプログラム ⇒著作物 メーカーのロゴマーク⇒商標	本文、挿絵⇒著作物 出版社のロゴマーク⇒商標	デザイン⇒意匠 メーカーのロゴマーク⇒商標

どの権利のかたちになっていなくても、新たに創作された発明や、ノウハウなどの有用な情報は、知的財産に該当すると定義されているのです。

　一般的な企業活動との関連で、もう少し具体的に考えてみましょう。特許権などの知的財産権の有無によって、知的財産を保有しているかどうかが決まるわけではありません。知的財産権を取得しているかどうかにかかわらず、技術開発やデザイン開発などの創作活動の成果、コンテンツなどの制作物、企業や商品のロゴマーク、事業活動の継続により蓄積されたノウハウなどが、知的財産に該当するものです。

(2) 占有することができない知的財産

このように企業活動から生み出される知的財産は、有形の資産とは異なり、占有することができないという性質を有しています。たとえば、土地という財産について考えると、建物を建てて自らが利用していれば、同じ土地に他人に建物を建てられてしまうことはありません。携帯電話のような物についても、自らの所有物として物理的に所持していれば、他人に使われてしまうことはありません。このように不動産や動産は、占有（物を現実的に支配している状態）することによって、所有者のみがその財産を利用することが可能になります。

ところが、無形の資産である知的財産は、不動産や動産のように占有することができません。占有に近い考え方として、製造ノウハウのように企業の内部にとどめておけるものであれば、物理的に知的財産を隠して保護するという方法を考えることもできます。しかし、商品として販売する物の構造やデザイン、書籍やアニメなどの著作物、企業や商品のロゴマークといったものは、隠してしまっては事業が成り立たないので、物理的に隠しておくという方法を採用することができません。

このように知的財産は、物理的な方法によって、他人による利用を避けることがむずかしいという性質を有しています。そのため、なんらかの保護制度が設けられていないと、後発のライバル企業に容易にキャッチアップされてしまうおそれがあり、新たな技術開発やコンテンツの制作に取り組むインセン

ティブが失われてしまうことになりかねません。

　そこで、占有することができない知的財産を保護する制度を設けるニーズが生じることになります。こうしたニーズに対応するために、知的財産を保護するために付与される権利が、特許権などの知的財産権ということになります。

3 知的財産はどのような制度によって保護されるのか、知的財産を保護する知的財産権にはどのような種類があるのか教えてください

(1) 知的財産を保護する2つの法体系

本章-2で説明したとおり、物理的な方法による保護がむずかしい知的財産を対象にして、その排他的な利用を法的に保証する権利が、特許権などの知的財産権です。知的財産を保護する制度といえば、知的財産権によって知的財産の排他的な利用を認める方式が思い浮かぶことでしょう。

しかし、国が知的財産を保護するために設けている制度は、こうした権利の付与によって知的財産を保護する方式に限られるものではありません。

もう1つの制度は、知的財産を侵害する行為を規制する方式で、不正競争防止法によって知的財産を侵害するさまざまな行為が規制されています（図表1-4）。具体的には、秘密管理さ

図表1-4 知的財産を保護する2つの方式

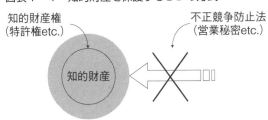

第1章 「知的財産」とは何か 11

れている技術情報や営業情報を無断で持ち出す行為、周知・著名な商品表示を無断で使用する行為、販売開始から間がない商品形態を模倣する行為などを規制することによって、ノウハウやデザインなどの知的財産の保護が図られています。

このように、知的財産を保護する制度には2つの方式が存在し、特許権などの知的財産権を取得しなくても保護が受けられる場合がありますが、各々の制度の詳細と両者を使い分ける基本的な考え方については、後に説明することとします。

(2) 知的財産権の分類

知的財産を保護するためにどのような権利が認められているのか、図表1－5に主な知的財産権を整理してみました。

特許権と実用新案権は技術的なアイデア、意匠権は工業デザイン、商標権は商品やサービスに付すマークや名称などの営業

図表1－5　主な知的財産権

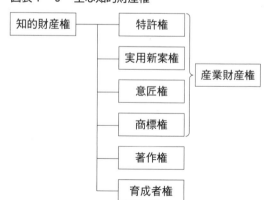

標識を保護する権利です。これらは産業振興の目的で認められる権利であるため、4つをあわせて「産業財産権」と呼ばれています（かつては「工業所有権」と呼ばれていました）。いずれも特許庁が所管しており、権利を取得するためには特許庁への出願が必要です。出願後には審査が行われ、設定登録を受けることによって、権利が発生する仕組みとなっています。

これに対して、文化的な創作活動の成果、具体的には、小説や論文、音楽、映画、写真などの著作物を保護する権利が著作権です。著作権は著作物の創作と同時に発生することとされているため、権利を取得するために、産業財産権のような出願手続は必要ありません。

なお、文化の発展を目的に認められる著作権ですが、コンピュータプログラムや、アニメや映画などのコンテンツも保護対象に含まれるため、近時は産業振興の側面からも重要な意味をもつ権利となっています。

育成者権は、植物の新品種を保護する権利で、農林水産省が所管しています。権利を取得するプロセスや権利の効力は、特許権と共通する部分も多く、農産物の特許といわれることもあります。なお、第2～4章では育成者権を取り上げていないので、ここで制度のポイントのみ列挙しておきます。

・一定の要件を満たす植物の新品種の育成者に、登録された品種を独占的に利用できる育成者権を付与する、種苗法に定められた制度です。

・農林水産省に品種登録の出願をすると、他の品種から明確に区別できる品種であること、繰り返し繁殖させても特性が変化しないことなどの要件が審査され、登録要件を満たすと品種登録を受けることができます。
・育成者権は品種登録により発生して、存続期間は品種登録の日から25年（永年性植物は30年）です。

4 「知的財産」と「知的財産権」は、企業活動においてどのような役割を果たしていますか

(1) 差異化要因としてはたらく知的財産

　いずれも「知財」と略称されることがある「知的財産」と「知的財産権」の概念の違いについて説明してきましたが、それぞれ企業活動においてどのような役割を果たすのでしょうか。

　企業活動を継続していくためには、自社の商品やサービスが売れることが不可欠です。そのためには、顧客に自社の商品やサービスを選択してもらえるように、他の商品やサービスとは異なる特徴をつくりださなければいけません。ここにおいて、「知的財産」である発明（技術的なアイデア）や意匠（工業デザイン）、商標（商品やサービスに付すロゴマークや商品名などの営業標識）は、自社が提供する商品やサービスの特徴や強みとなり、ライバル企業が提供する商品やサービスとの差異化要因としてはたらくものです。

　つまり、企業が知的財産を創出する活動とは、自社の商品やサービスの特徴や強みをつくりだす活動にほかなりません。創出された知的財産は、自社がライバル企業との違いをアピールして、数ある商品やサービスのなかから、顧客に自社の商品やサービスを選んでもらうきっかけとなるものなのです。

第1章 「知的財産」とは何か　15

(2) 知的財産による優位性を維持する必要性

ところが、自社の強みであり、差異化要因としてはたらく知的財産は、財産であるといいながら占有することができないため、ライバル企業に模倣されてしまう可能性があるものです。差異化要因であるはずの知的財産が排他的に利用できないのであれば、もはや差異化要因とはいえず、市場シェアの低下や価格競争による利益率の低下を免れることはできないでしょう。こうした事態を回避するために、知的財産になんらかの参入障壁を設けておくことが必要になります。

知的財産の参入障壁には、秘密管理して物理的な方法で流出を防ぐ、強力な販売網を築いてライバル企業が割り込む余地を封じてしまう、といった方法も考えられますが、もう1つの有力な手段が知的財産権による保護です。特許権などの知的財産権は、自社の強みであり、差異化要因となる知的財産の参入障壁としてはたらくという、重要な役割を担うものなのです。

(3) 「城」から知的財産と知的財産権をイメージしてみよう

知的財産に参入障壁を設けることがなぜ重要なのか、「城」にたとえてイメージしてみることにしましょう。

自社の強みであり、守るべき対象である知的財産を「天守閣」とするならば、知的財産権はそれを守る手段である「濠」や「石垣」に当たるものです。図表1－6のように、天守閣を

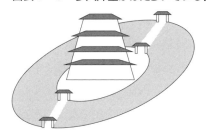

図表1-6　参入障壁がはたらいている状態

図表1-7　参入障壁がはたらいていない状態

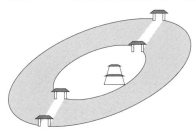

図表1-8　参入障壁の意味がない状態

守るために濠や石垣をしっかりと築いておけば、外敵から攻撃を受けたとしても、天守閣の受けるダメージを抑えることができます。濠や石垣の守りが万全であれば、外敵が初めから攻撃

第1章　「知的財産」とは何か　17

をあきらめてしまうこともあるでしょう。

　ところが、せっかく立派な天守閣を建てたとしても、濠や石垣が築かれていなければ、攻撃を受けたら簡単に落城してしまいます。また、濠や石垣を築いたとしても、図表1－7のように穴だらけの状態では、障壁の意味をなしません。逆に、図表1－8のように強固な濠や石垣を築いたところで、守るべき天守閣が魅力のあるものでなければ、攻撃を受けることもなく無用の長物となってしまいます。

　知的財産権についても同じことがいえます。魅力のある知的財産を前提として、知的財産権がその知的財産の参入障壁としてはたらくことによって、収益の拡大という成果に結びつくものです。自社の強みとなる知的財産をつくりあげたうえで、効果的な参入障壁となるように知的財産権を取得することが求められることになります。

5　商品と知的財産の関係と、知的財産を保護する基本的な考え方について教えてください

(1)　1つの対象物にさまざまな知的財産が存在する

「知的財産はわかりにくい」という印象を与えやすい理由の1つに、多くの場合、ある1つの商品それ自体が1つの知的財産となるのではなく、1つの商品に多様な知的財産が含まれている、ということがあげられます。

鉛筆の発明を例に考えてみることにしましょう。

鉛筆には断面が丸いものしか存在しておらず、机に置くと転がり落ちやすいことが問題となっているという状況を想像してみてください。ここで図表1－9のように、断面を六角形にすれば転がりにくくなるというアイデアを思いつき、新商品を開

図表1－9　1つの商品に含まれる知的財産の例

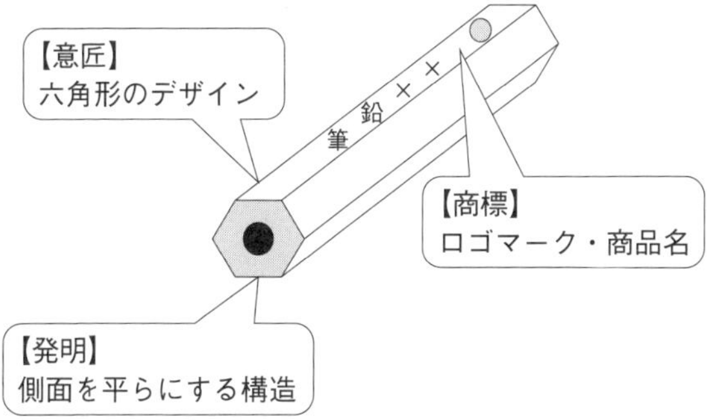

【意匠】六角形のデザイン

【商標】ロゴマーク・商品名

【発明】側面を平らにする構造

第1章　「知的財産」とは何か

発したとします。

　鉛筆の側面には平らな部分ができるので、机に置いても簡単には転がり落ちません。この商品には、側面の一部に平面を設けるという技術的なアイデア（発明）のほかにも、断面を正六角形にすることによる握りやすさや美観に優れたデザイン（意匠）、商品の名称やロゴマーク（商標）など、複数の知的財産が含まれることになります。

　鉛筆を動産としてみれば、そこには1本の鉛筆という1つの財産が存在しているだけです。ところが無形資産である知的財産は、このように1つの商品にもさまざまな種類のものが存在しうるのです。

　スマートフォンやパソコン、自動車などを考えると、1つの商品にはさらに多くの知的財産が含まれています。産業界をリードするこれらの商品は、知的財産の固まりといっても過言ではありません。

(2) 知的財産の多面的な保護

　このうち、技術的なアイデアは特許権で、デザインは意匠権で、商品名やロゴマークは商標権によって保護される可能性があります。これらの権利を取得すれば、それぞれの対象について他人が自由に利用することができない排他的な権利が確保されることになります。ただし、その一部しか権利を取得していない場合、たとえば意匠権のみしか取得していなければ、断面を五角形や八角形にしてデザインを変えることによって、ライ

バル企業に同じような効果が生じる商品をつくられてしまうのを防ぐことはできません。

そのほかに、本章－3でも触れましたが、知的財産権を取得していなくても、知的財産を侵害する行為を規制する法律によって保護を受けられる場合があります。たとえば、発売して間もない商品のデザインをそっくりそのまま模倣する行為や、周知となった商品の名称やロゴマークと混同を招く行為は、意匠権や商標権の有無にかかわらず、不正競争防止法に基づいて行為の差止めを求めることが可能な場合があります。

(3) 知的財産権を効果的に組み合わせる

先に説明したように、新しい商品にはさまざまな知的財産が含まれています。数多くの知的財産から構成されている自社で開発した商品が模倣されることを防ぐためには、その商品に含まれているさまざまな知的財産を守る知的財産権を組み合わせて、多面的に保護することが効果的です。

先に説明した城のたとえに当てはめるならば、大事な天守閣を守るためには、濠を掘って周囲を囲むだけでは十分ではありません。石垣を組んで高低差を設ける、実際に敵が侵入したときに備えて侵入経路に弓をもった兵士を配置するなど、さまざまな防御策を組み合わせると、外敵の侵入を防ぐのにより効果的です（図表1－10）。また、備えを固めるだけでなく、万全の備えをしていることを周囲に広く知らせることによって、相手に攻撃をあきらめさせる作戦が有効な場合もあるでしょう。

図表1-10 防御手段を組み合わせる

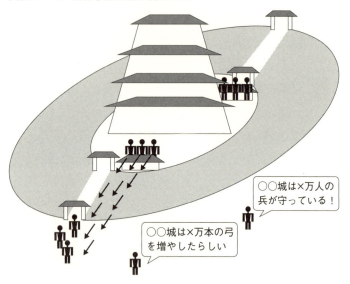

6 「知的財産の活用」とは、特許権などの権利の行使や権利のライセンスを指しているのですか

(1) 求められる「知的財産の活用」

2003年3月に施行された知的財産基本法で、知的財産の創造、保護、活用による産業の活性化が、国家戦略として明記されました。この知的財産を「創造→保護→活用」する流れは、知的創造サイクル（図表1-11）と呼ばれています。知的創造サイクルを強化する必要性が叫ばれるなか、これまでの日本企業の知的財産に関する活動は、創造と保護、具体的には研究開

図表1-11 知的創造サイクル

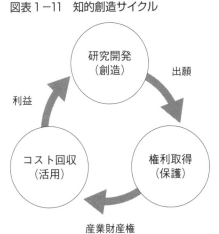

（出典） 特許庁パンフレット2014年10月版

発や特許権の取得には熱心である一方で、「活用」面での取組みが遅れている、と指摘されることがあります。

(2) 「知的財産の活用」とは何か

では、「知的財産の活用」をどのように進めればよいのでしょうか。

「知的財産の活用」についてよく取り上げられているのは、特許権や商標権を積極的に行使して模倣品を排除した、あるいは、未利用の特許権をライセンスしてライセンス収入が得られるようになった、といった事例です。特に後者については、遊休地の活用や老朽化した物件のリノベーションといった「不動産の活用」の典型例から、「知的財産の活用」事例として連想されやすいようです。

しかし、こうした特許権の行使やライセンスといった事例で活用されているのは、これまでに説明した定義から考えると、「知的財産」ではなく「知的財産権」です。「知的財産権の活用」ではなく、「知的財産の活用」という以上は、活用される対象を知的財産権に限定するのではなく、その保護対象となる知的創作物や営業標識、有用な情報などをどのように活用するかを考えていかなければいけません。

つまり、「知的財産の活用」とは、特許権や商標権などの知的財産権から、直接的に収益を得る活動に限られるものではありません。ライバル企業との差異化要因となる技術やブランドといった無形の資産を、自社の強みとして事業に積極的に活か

していく活動こそが「知的財産の活用」です。そのように考えると、「知的財産の活用」とは、先端技術に関連する特許権を取得してライセンスをするような一部の企業に限られるものではなく、多くの企業にかかわり合いのあるテーマであることが理解できるはずです。

(3) 売上げを生み出すのは知的財産

商品やサービスを購入する立場から考えてみましょう。いくつかある選択肢のなかから購入する商品やサービスを選ぶ際には、ほかにはない機能がある、デザインがよい、このブランドなら信頼できるといったように、技術やデザイン、ブランドといった要素が購入の決め手となることが少なくありません。これらの決め手となる要素こそが、発明、意匠、商標といった知的財産に当たるものです。つまり、知的財産とは、自社が提供する商品やサービスの特徴となるものであり、顧客が商品やサービスを選択する理由になるものです。知的財産とは、企業が売上げを生み出すエンジンになるものともいえるでしょう。

企業の存続には、売上げがあがることが必須の条件です。特許権や商標権といった知的財産権はもちろん大切ですが、その前に考えなければならないのは、顧客にほしいと思わせるような知的財産を手に入れることです。知的財産自体に魅力がなければ、「活用」の効果も限られたものになってしまうでしょう。

(4) 知的財産権で利益を守る

その一方で、占有することができない知的財産は、模倣のリスクにさらされています。優れた知的財産を手に入れさえすれば、それで安心というものではありません。何も模倣対策をとらなければ、類似の商品やサービスが次々と登場して、市場シェアの低下、価格競争へとつながることが懸念されます。そうした状況に陥ってしまうと、売上げが伸び悩むというだけでなく、価格競争によって利益率が低下することも避けられないでしょう。

このような状況を防ぐためには、ライバル企業に知的財産を簡単に利用されてしまうことがないように、参入障壁を築く必要があります。そのための有力な手段の1つが知的財産権であり、知的財産権によってライバル企業の市場への参入を抑えることができれば、価格競争の激化を回避して、必要な利益を確保しやすくなるはずです。

(5) 活用される対象は「知的財産」

このように、優れた知的財産によって顧客を引き寄せ、知的財産権によってライバル企業の参入をコントロールすることができれば、知的財産を活用した強い事業がかたちづくられ、売上げや利益の増加に貢献することが可能になります。その過程で、模倣品を販売している企業に特許権を行使する、提携先に商標権をライセンスするといった、特許権などの「知的財産

権」が活用される場面が生じることもあるでしょう。それでも、事業の強みとなり、事業に活かされるのは、知的財産権によって保護される「知的財産」であることに違いはありません。

権利行使やライセンスなどによる知的財産権の活用が目的化して、事業の本質を見失ってしまうことがないように、この点はしっかりと意識しておく必要があります。

(6) 知的財産を意識した取組みの多様なはたらき

また、知的財産を意識した取組みによって生じる効果は、知的財産権を参入障壁として活かすことだけにとどまるものではありません。

たとえば、特許権を取得するプロセスにより他にはない自社の強みを客観的に理解して、その強みを活かした製品開発に注力することによって、開発力や提案力の強化に成果をあげている企業があります。属人的であったサービスノウハウを知的財産と位置づけ、それを「見える化」して社内で共有することによって、サービスレベルの向上に役立てて業績を伸ばしている企業もあります。特許権などの知的財産権の存在は、自社にオリジナリティーがあることの証明になるので、知的財産権を保有していることを根拠に、本家本元であることを顧客にPRして、受注に結びつけている企業もあります。

このような知的財産を意識した取組みの多様なはたらきについては、拙著『元気な中小企業はここが違う！──知的財産で

引き出す会社の底力』（KINZAIバリュー叢書）に、中小企業の先進事例を取り上げながら詳しく紹介しています。具体的な事例を知りたい方は、ぜひご一読ください。

知的財産の価値評価はどのように行うのか？

知的財産も財産の一種である以上、取引の対象として、その価値評価が必要になることがあります。では、知的財産の価値はどのような方法によって評価することができるのでしょうか。

●価値評価が必要な場面

知的財産の価値を定量的に評価する必要が生じるのは、売買の対象となるケースのほか、移転や相続の際の課税価格の算出、知的財産を担保にした融資における担保評価、企業内における棚卸や報奨金支払などの場面です。本章で説明したように、知的財産とは、知的財産権によって保護される財産に限られるものではありませんが、こうした場面で価値評価の対象になるのは、知的財産権によってその範囲が確定し、かつ排他的な権利が保証された知的財産に限られることになります。

知的財産の価値を評価するためには、技術の市場性、将来の技術革新、権利範囲の解釈や権利が無効になるリスクなど、不動産などの他の財産以上に、多くの不確定要素を考慮しなければなりません。価値評価の手法についてさまざまな研究が行われていますが、これがスタンダードといえるような価値評価の方法はいまだ確立していない状況にあります。

●価値評価の3つのアプローチ

知的財産に限らず、財産の価値評価の方法には、大きく3つのアプローチがあります。

1つ目はコストアプローチで、財産の取得に要したコストから価値を評価する考え方です。建物の評価などによく用いられますが、知的財産の価値は投下したコストとは直接関連しないことが多いため（典型例として、多額の研究開発資金を投下し

たものの成果が出ず価値のある知的財産が生まれないこともあります)、知的財産の評価には適用しにくいといわれています。

2つ目はマーケットアプローチで、市場での売買事例を参考に評価する考え方です。土地や株式のように流通市場が整備されていれば、最も採用しやすい考え方ですが、知的財産については類似の売買事例が存在しないことが多いのが実情です。

このアプローチの一種として、企業や事業に対する市場の評価から知的財産以外の財産の価値を差し引くことによって知的財産の価値を算出する、残差アプローチと呼ばれる方法も存在しています。しかし、知的財産以外の財産を評価できるのかといった疑問や、算出されるのは企業や事業の知的財産全体の価値となるため個々の財産価値の評価には適用できないといった問題が指摘されています。

3つ目はインカムアプローチで、知的財産が生み出す収益から財産の価値を算出する考え方です。知的財産は個別性の高い財産であるため、一般的にはインカムアプローチによって個々に評価を行うのが適しているといわれています。しかし、知的財産に関係する収益をどのように算出するか、収益に対する知的財産の寄与度をどのように考えるかなど、この方法についてもむずかしい問題が存在しています。また、個別に収益予測を行う必要が生じるため、評価コストをどのように負担するかも、現実的に生じやすい問題です。

● ケースに応じて各々のアプローチを使い分ける

このように、知的財産の価値評価には、決まった方法が存在しているわけではありません。価値評価が必要な理由に応じて、最も適した方法を選択することが必要です。1つの評価方法だけでなく、複数の評価方法を用いることによって、評価の精度を高めていくことも考えられます。

第 2 章

技術開発の成果を
保護する
知的財産制度

知的財産とは、人間の創造的な活動によって生み出されるものですが、技術開発の成果として生まれる発明や、小発明ともいわれる考案は、その代表例といえるでしょう。

　発明を保護する権利が特許権、考案を保護する権利が実用新案権です。これらの権利は排他的な効力を有するので、発明や考案が模倣されることを防ぐのに効果的です。ただし、発明や考案を保護するために、どのようなケースでも特許権や実用新案権を取得するのがベストであるとは限りません。技術情報を秘密管理することによって、模倣から守るという選択肢も存在しているからです。こうした情報を適切に管理していれば、法的な保護が受けられる制度も設けられています。

　技術開発の成果として新しいアイデアが生まれたら、その成果をどのように保護することができるのか。この章では関連する制度について解説します。

1 技術開発によって生まれた新たなアイデアを保護するためには、特許権を取得することが必要ですか

(1) 発明を守る2つの方法

技術開発の成果を模倣から守るにはどうすればよいのか。こう問われたら、多くの人が「特許権を取得すればよい」と答えるのではないでしょうか。

しかし、技術開発の成果を保護する方法は、特許権の取得に限られるものではありません。特許権のように排他的な権利を取得するほかに、技術情報を物理的に隠すことによって保護する方法が考えられるからです（図表2－1）。一定の要件を満たすように秘密管理されている情報は、営業秘密として法律上の保護を受けることができます（不正競争防止法2条1項4号～9

図表2－1　特許出願か、営業秘密か

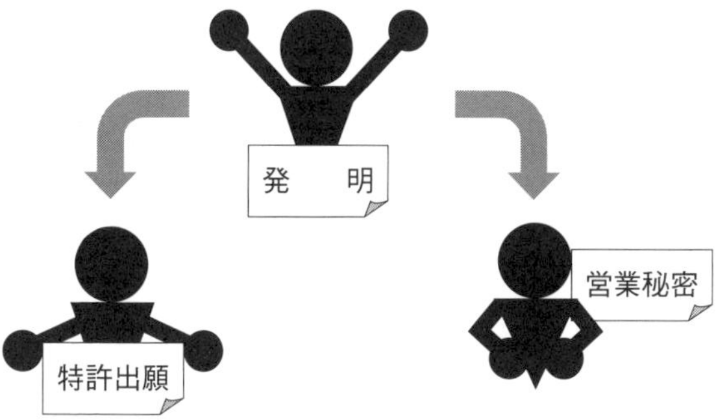

第2章　技術開発の成果を保護する知的財産制度

号)。

(2) 特許権を取得する

 技術開発の成果として生まれた発明について特許権を取得すると、原則として出願日から最長で20年、発明を排他的に実施する権利が得られます(特許法67条、68条)。特許発明を無断で実施したものに対しては、差止めや損害賠償を請求することが可能であり、その発明が特許権によって保護されていることを知らずに実施した第三者に対しても効力が及ぶという、非常に強い権利が認められます。

 その一方で、特許権を取得するためには、発明の内容を公開しなければなりません。そのため、特許権が消滅した後には、法的にも物理的にも、第三者が自由に発明を実施することができる状態となってしまいます。特許出願を行い、発明が公開された後に、特許が認められずに拒絶査定となれば、排他的な権利が得られないにもかかわらず、技術情報だけが公開されてしまうことになります。

(3) 営業秘密として管理する

 特許権の取得を目指して特許出願を行う前には、発明が公開されること、特許権の消滅後には第三者が自由に発明を実施できることを十分に考慮して、出願を行うかどうかを判断することが求められます。公開しなければ模倣をされる可能性が低いと見込まれる発明であれば、特許出願を行わず、隠しておいた

ほうが長期にわたって技術を守ることができるケースもあるからです。

秘密管理によって技術が保護されている例としてよく知られているのが、コカ・コーラの原液の製法です。技術情報が開示されることを避けるためにあえて特許を出願せず、秘密管理を徹底することによって、長期にわたり独自技術を守っている典型例といえるでしょう。

(4) 営業秘密には法的な保護も与えられる

秘密にしている情報は、一定の要件を満たす管理がされていれば、物理的な保護だけでなく、営業秘密として法的な保護を受けることもできます。具体的には、情報が客観的に秘密管理されていること、有用な情報であること、公知でないことが必要とされており（不正競争防止法2条6項）、こうした要件に当てはまる情報を不正に取得、使用した相手に対しては、特許権を保有している場合と同様に、差止めや損害賠償を請求することができます。

ただし、保護を受けることができるのは、営業秘密が不正に取得された場合などに限られます。秘密管理していた情報が公知になった場合や、不正行為によらず独自に同様の技術を実現した相手に対しては、差止めや損害賠償を請求することができません。

このような留意点をふまえて、技術開発の成果として新たな発明が生まれた場合には、特許を出願すべきか、それとも営業

図表2−2 「特許権」と「営業秘密」

	特許権	営業秘密
根拠法	特許法（68条ほか）	不正競争防止法（2条1項4号〜9号）
主なメリット	善意の実施者にも権利行使可能	存続期間の制限がない 発明の公開が不要
留意点	存続期間（原則として出願日から最長で20年）の制限あり 発明の公開が必要	所定の不正行為にしか対抗できない 公知となれば保護されない

秘密として管理すべきか、それぞれのケースに応じて慎重に検討することが求められます（図表2−2）。

(5) 外国における発明の保護

日本の特許庁に出願して特許権を取得すれば、外国でも保護を受けることができるのでしょうか。

特許権や著作権などの知的財産権の効力は、各国の法律は自国の領域内のみに適用されるという属地主義の原則のもと、特許権を取得した国または地域のみに及ぶものです。そのため、日本で特許権を取得したとしても、その効力が及ぶのは日本国内のみであり、外国でも保護を受けたければ、それぞれの国で有効な特許権を取得しなければいけません。

外国で特許を出願する出願人の負担を考慮して、産業財産権に関する国際的なルールを定めたパリ条約には、外国への出願

について実質的な猶予期間（特許については1年間）を設ける優先権制度が定められています。また、一の出願手続で加盟各国に特許出願したのと同じ効果を得られる特許協力条約（PCT）に基づく国際出願制度も設けられています。

　国際出願を行えば、外国でも有効な特許権を取得できると誤解されていることがありますが、国際出願制度は、あくまで出願の手続を統一するための制度です。それぞれの国で有効な権利を取得するためには、翻訳文などの必要書類を各国に所定の期限（通常は30カ月以内）までに提出して、各国の制度にのっとって手続を進めることが必要です。

2 発明を保護する特許制度はなぜ設けられることになったのか、制度の目的を教えてください

(1) 特許法は「産業の発達」を目的とする

 特許制度の具体的な内容を説明する前に、そもそも特許制度がどのような目的で設けられることになったのか、なぜ特許権という排他的な権利が認められているのか、制度の目的を確認しておきましょう。特許権は永続的な権利ではなく存続期間が設けられていること、出願した発明は公開されることなど、特許制度におけるさまざまなルールは、この目的に沿って定められたものなので、制度の本質を理解しておくことはとても重要です。

 特許権は、発明を排他的に実施することができる財産的な価値を有する権利です。そのため、発明を保護すること、すなわち発明者や特許権者の利益を守ることが特許制度の目的と理解されることがあるかもしれません。

 しかし、特許法1条に明記されているように、特許制度とは「産業の発達に寄与すること」を目的に設けられた制度です(図

図表2-3 特許法1条

> この法律は、発明の保護及び利用を図ることにより、発明を奨励し、もつて産業の発達に寄与することを目的とする。

表2−3)。では、特許権という財産権を付与することが、どのようにして産業の発達に結びつくのでしょうか。

(2) 発明は独占されるべきなのか

ある優れた発明が生まれた場合、産業の発達という観点から考えると、その優れた発明ができるだけ多くの機会に利用されることが好ましいはずです。そのためには、発明を特定の者に独占させるのではなく、だれでも利用可能な制度とするほうが、発明を世の中に広めるにはプラスになると考えられます。

ところが、発明が生まれるまでには、発明者(多くの場合はその発明者が属する組織)が研究開発に多額の先行投資を行っていることが通常です。その成果をだれもが自由に利用できるのであれば、リスクを負って先行投資をした者が、不利な条件で戦わなければならなくなってしまいます。これではだれもわざわざ研究開発に力を入れようと思わなくなり、技術の進歩が停滞してしまうおそれがあります。

(3) 特許制度の本質は「保護と利用のバランス」

そこで設けられることになったのが、発明を保護する特許制度です。一定の要件を満たす発明に対しては、発明を公開することの代償として、発明の排他的な実施を認める特許権が付与されることになりました。特許権を取得することが発明へのインセンティブとなって、技術の進歩が促されることが期待されます。

その一方で、永続的な権利として特許権を認めれば、発明が十分に世の中に広まらない、競争が生じないので特許製品が適正価格で供給されないといった、独占による弊害が大きくなることが懸念されます。そこで、発明の公開を前提として特許権を付与する一方で、特許権の存続期間に制限を設けることによって、一定の期間が経過した後には、発明が広く利用されることが可能な制度となりました（図表2－4）。

　このように、技術開発へのインセンティブとなる発明の保護と、優れた発明を世の中に広めるための発明の利用の促進のバランスをとって、産業の発達を目指そうというのが特許制度の本質なのです。

　特許権に排他的な効力が認められること（特許法68条）、特許の出願書類に発明を明確に開示しなければならないこと（同法36条4項1号）、特許出願の内容が公開されること（同法64条）、特許権には存続期間が設けられていること（同法67条）など、特許制度で定められているさまざまなルールは、いずれもこうしたバランスを考慮して設けられているものです。特許制度に

図表2－4　発明の保護と利用

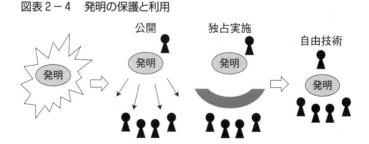

おけるさまざまなルールの意味を理解するためにも、ここで特許制度の本質をしっかりと確認しておきましょう。

3 特許権によって保護される「発明」とは、どのようなものですか

(1) 自然法則を利用した技術的思想の創作のうち高度のもの

　特許制度によって保護されるのは、技術開発の成果として生まれる「発明」です。では、どのようなものが特許権の対象となる「発明」に該当するのでしょうか。

　特許権の対象になる発明は、「自然法則を利用した技術的思想の創作のうち高度のもの」と定義されています（特許法2条1項）。この定義について、発明に該当するか判断に迷いやすい具体例をあげながら、説明していくことにしましょう（図表2-5参照）。

　まず、「自然法則を利用」することが要件とされているので、万有引力の法則のような自然法則そのものは、発明に該当しません。計算方法やコンピュータ言語のように、自然法則ではない人為的な取決めも、発明には該当しません。

　次に、「技術的思想」の創作であることが求められるので、フォークボールの投げ方のような個人的な技能は、発明とは認められません。絵画や彫刻などの美術品は、創作物ではあるものの技術的な創作には当たらないため、これも発明に該当しません。マニュアルのように単に情報を提示したものについて

図表2-5 「発明」に該当しないものの例

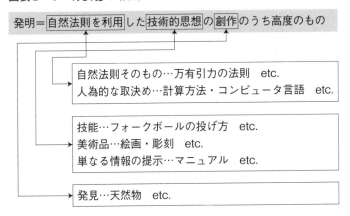

も、技術的思想とはいえず、発明には該当しません。

さらに、「創作」であることが要件とされているので、自然界に存在する天然物を発見したとしても、創作をしたわけではないので、発明には該当しません。

(2) 保護されるのは「アイデア」

特許権の対象になる「発明」について説明してきましたが、実際に技術開発によって新たな成果が生まれたときに、何が「発明」に該当するのかわかりにくいことが少なくありません。

ある技術的な課題について考察した結果、その課題を解決する具体的なアイデアを思いつき、そのアイデアを実現するために実際に物をつくってみたという流れを考えると、「発明」に該当するのはこの「アイデア」の部分です。これまでにない新

しい発明品を創作した場合、それを可能にしたのがどのような「アイデア」であるのかが、特許を考えるうえでの重要なポイントになります。

(3) 文章化できること

また、特許権の対象となる発明の内容（技術的範囲）は、発明品の現物ではなく、文章によって特定されるものです。その「アイデア」がどのようなものなのか、文章化できるものでなければ、特許権を取得することはできません。

「当社が開発した商品は、世の中にないものなので特許をとりたい」といった説明だけでは不十分です。その商品のどこが新しいのか、その新しさはどのようなアイデアによって実現されたのか、それらを文章化して説明できるかどうかが、特許権の対象になるかを判断する基準になります。

4 「ビジネスモデル特許」という言葉を耳にすることがありますが、ビジネスモデルについて特許を取得できるのですか

(1) かつて起こった「ビジネスモデル特許」ブーム

本章 − 3 で特許の対象になる「発明」について説明しましたが、その関連で「ビジネスモデルは特許になるのか」という質問を受けることがあります。

ITバブルの2000年頃をピークに、いわゆる「ビジネスモデル特許」ブームが起こりました。大規模な研究設備をもたなくても、新しいビジネスモデルを考えて特許権を取得すれば、ビジネスを独占することができる。そうした期待がふくらんで、ビジネスモデルを対象にした特許出願の件数が急増したのです。特許庁が公表している「ビジネス関連発明」(いわゆる「ビジネスモデル特許」)の出願件数は、2000年に年間2万件近くまで急増しましたが、その後は減少に転じ、近年は年間5,000件強で横ばいの状況が続いています(図表2−6)。

(2) 「ビジネスモデル」は特許の対象にならない

このようなブームが生じた背景には、ビジネスモデルそのものが特許権の対象になる、という誤解が広がってしまったことがありました。

特許権の対象となる発明は、本章 − 3 で説明したように「自

図表2-6 ビジネス関連発明の出願動向

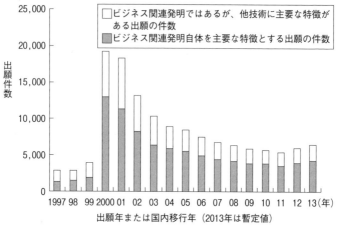

(出典) 特許庁ホームページ「ビジネス関連発明の最近の動向について」

然法則を利用した技術的思想」であることが要件とされています。つまり、経済的な取決めであるビジネスモデルは発明の要件に該当せず、特許権の対象にはならないのです。ビジネスモデルを対象に特許権を付与する「ビジネスモデル特許」という特別な制度が設けられたわけでもないので、ビジネスモデルそのものを対象にして特許が受けられることはありません。

(3) 何が特許の対象になっているのか

その一方で、インターネットの地図上で広告情報を提供する「マピオン特許」(権利者：凸版印刷株式会社、特許第2756483号)や、銀行振込みに関する「パーフェクト特許」(権利者：株式会社三井住友銀行、特許第3029421号)が、「ビジネスモデル特許」

の成功事例として話題になりました。ビジネスモデルは特許権の対象にならないはずなのに、こうした事実をどのように理解すればよいのでしょうか。

これらの例で話題になった特許権の内容を確認してみると、特許権の対象になっているのは、ビジネスモデルそのものではありません。ビジネスモデルを実現するために必要なソフトウェアの処理手順やコンピュータシステムの技術的な特徴を発

図表2−7 ビジネス方法（ビジネスモデル）は「発明」に該当するのか

> ビジネス関連発明の場合、どのようなビジネス（アイデア）を実現しようとしているかという側面に注目が集まりがちですが、「発明」であるか否かの判断は、ビジネス方法に特徴があるか否かという観点ではなく、「ソフトウエア」自体を創作したか、あるいは、「情報処理装置（又はその動作方法）」を創作したか、という観点から行われます。
> 　例えば、請求項に係る発明として、経済法則、人為的取決め、人間の精神活動のみを利用したようなビジネス方法が特許請求されている場合には、そのビジネス方法は自然法則を利用していないとして、特許法による保護を受けることはできません。
> 　また、請求項に「コンピュータ」や「ネットワーク」の利用が記載されていた場合でも、ビジネスを行うための道具として用いたり、人為的取決め等に過ぎないビジネス方法に対して、単に形式的に「（そのビジネス方法が）コンピュータによって行われる」ことを特定したにすぎない場合には、「ソフトウエア」自体を創作したとはいえませんので、「発明」には該当しないことになります。

（出典）　特許庁ホームページ「ビジネス関連発明の審査実務に関するQ&A」から抜粋

明ととらえて、特許権が成立しているのです（図表2－7）。ビジネスモデルそのものがどれだけ斬新であったとしても、技術的に新しい要素がなければ、特許権を取得することはできないのです。

つまり、いわゆる「ビジネスモデル特許」が成立する可能性があるのは、新しいアイデアが含まれるソフトウェアやコンピュータシステムを開発することによって、これまでにない新しいビジネスモデルが実現された、というような場面です。流通、金融、サービス業などの企業がITを使って新たなサービスを提供するというケースであれば、技術的な特徴に注目することによって、特許権を取得できる部分があるかもしれません。

(4) ビジネス関連発明の特許取得はむずかしいか

いわゆる「ビジネスモデル特許」は、審査が厳しくて取得がむずかしい、という評判を耳にすることがあります。実際はどうなのか、特許庁が公表しているビジネス関連発明に関する統計を確認してみましょう。

審査における特許査定率（審査を受けて特許が認められた比率）の推移をみると（図表2－8）、ビジネスモデル特許ブームの頃から低下が続き、2006年まで10％を切る水準で推移しています。当時の全分野を総合した特許査定率が50％前後であったことに比べると、きわめて低い水準です。「ビジネスモデル特許など、出願するだけ無駄だ」といった論調がみられるように

図表２－８　ビジネス関連発明の審査状況
【特許査定率・拒絶査定不服審判請求率の推移（ビジネス関連発明自体を主要な特徴とする出願）】

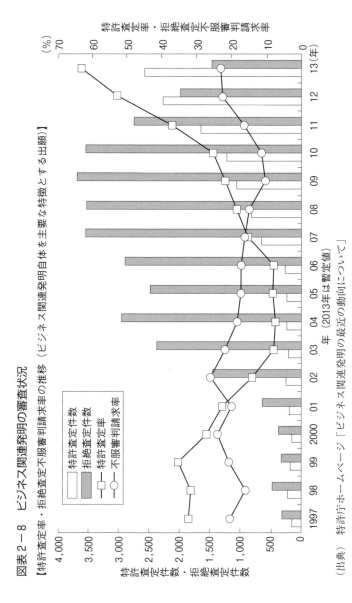

(出典)　特許庁ホームページ「ビジネス関連発明の最近の動向について」

なったのも無理はありません。

　しかし、その後は年々上昇を続け、2013年は60％を超えるに至っており（2013年の全分野を総合した特許査定率は70％弱）、特許権の取得が特にむずかしいという状況ではなくなっています。成立した特許権が毎年累積していることを考えると、今後はいわゆるビジネスモデル特許の影響が顕在化する場面が、増加してくるかもしれません。

5 特許を受けるためには、どのような要件を満たすことが必要ですか

(1) 拒絶理由が見つからなければ特許査定を受けられる

特許を受けるためには、特許法上の「発明」（特許法2条1項）に該当することに加えて、以下に説明する要件を満たすことが必要とされています。

特許を出願して審査請求を行うと、特許庁の審査官によってこれらの要件を満たすかどうかが審査され、出願を拒絶する理由が発見されなければ、特許査定を受けることになります（同法51条）。

(2) 産業上利用することができること

特許法の目的は産業の発達に寄与することにあるので、保護対象となる発明には、産業上利用することができるものであることが求められます（特許法29条1項）。実務上はそれほど問題にならない要件ですが、たとえば、医療行為は産業上利用することができるものに当たらないと考えられています。掃除機や冷蔵庫などの家電製品は主に家庭で使用されるのですが、これらの製造や販売は家電産業として成り立つものなので、家電製品に関連する発明は産業上利用できる発明に該当することにな

ります。

(3) 新規性があること

特許を受けるためには、新規性のある発明であることが必要です（特許法29条1項）。新規性の有無は、出願前に発明が知られていないか、公然と実施されていないか、文献に掲載されていないかによって判断されます。インターネット上に公表された場合も、新規性を失ったものとして扱われます。これらは日本国内だけでなく、外国の文献なども対象に判断されます。

また、出願人自身の行為も新規性を判断する対象に含まれるので、「自社しか実施していない」場合も、公然と実施していれば新規性なしと判断されてしまうのが原則です。そのため、特許権を取得したい発明については、実施する前に特許出願をすませるように努めなければなりません。発明の公表後に出願しても、一定の要件を満たせば新規性を失っていないものと扱われる例外規定が設けられていますが、公表後6カ月以内の出願や所定の書面の提出といった手続が必要になります（同法30条）。

(4) 進歩性があること

新規性のある発明であっても、公知の技術から容易に発明することができたものであれば、進歩性がないという理由で特許を受けることができません（特許法29条2項）。容易に発明できたかどうかの判断は、公知技術との比較によって行われます。

たとえば、公知技術を寄せ集めただけの発明や、単に設計変更を行ったにすぎない発明は、進歩性がないという理由で拒絶されることになります。

実務上は公開された特許公報などに掲載された発明と対比して、どの要素が異なるのか、異なる要素は容易に思いつくものか、といったところが争点になります。事前に公開された特許文献などを調査して、どういった相違点があるかを検討しておくことが求められます。

(5) 先願であること

同一の発明について2以上の出願がされた場合には、先に発明した者ではなく、先に出願した者が特許を受けることができると定められています（特許法39条1項）。新規性の要件もあるので、特許を取得するためには、できるだけ早く出願することが必要です。

(6) その他の要件

これまで説明した要件のほかに、公開された先願の明細書か図面に記載された発明と同一の発明や（いわゆる「拡大先願」、特許法29条の2）、公序良俗に違反する発明、公衆衛生を害するおそれがある発明（同法32条）についても、特許を受けることができないと定められています。

6 特許を出願するには、どのような書面が必要ですか

(1) 特許出願に必要な書面

特許を受けるためには特許出願が必要ですが、特許出願は所定の書面を提出することによって行われます（特許法36条）。

特許出願は、出願人と発明者を記載した願書を提出することによって行われます。願書には、明細書、特許請求の範囲、必要な図面、要約書を添付しなければなりません（同法36条2項、図表2－9）。

願書に必ず添付しなければならないのは、明細書、特許請求

図表2－9　特許出願に必要な書面

```
┌─────────────┐
│   願　書    │
│             │
│ 出願人、    │
│ 発明者etc.  │
└─────────────┘
     ↑
┌──────────┬──────────┬──────────┬────────┐
│ 明細書   │特許請求の │ 要約書   │ 図　面 │
│技術分野、│  範囲    │          │        │
│課題、    │【請求項1】│課題、    │ 図1    │
│解決手段、│ ……       │解決手段  │ 図2    │
│効果、    │          │ etc.     │        │
│実施形態  │          │          │        │
│ etc.     │          │          │        │
└──────────┴──────────┴──────────┴────────┘
```

の範囲、要約書です。図面は、発明を理解するために必要であれば添付することとされていますが、実務上は、電気や機械の分野では必須といってもよいでしょう。

要約書は、他の書面とはやや位置づけが異なります。特許権の権利内容に影響を与えるものではなく、特許調査などの際に発明の概要を把握しやすいように添付される書面です。

(2) 発明の内容を開示する「明細書」

本章－2で説明したとおり、特許制度とは、発明を公開することの代償として、発明を排他的に実施できる権利を付与する制度です。そのため、明細書には、発明が生まれた背景から発明を実施する具体例まで、その分野における一般的な技術者（「当業者」といいます）が発明を実施することができる程度に、発明の内容を十分に開示することが求められます。開示が不十分であれば特許を受けることができないので、他人が実施できないように発明の内容をあいまいに記載しておく、といったことは許されません。

(3) 発明の技術的範囲を特定する「特許請求の範囲」

特許出願に必要な書面のうち、きわめて重要な位置づけにあるのが特許請求の範囲です。排他的な実施が認められる発明の技術的な範囲が、特許請求の範囲の記載によって特定されるためです。明細書の記載内容がまったく同じであったとしても、特許請求の範囲にどのように発明を特定するかによって、特許

権の効力が及ぶ範囲は大きく異なることになります。成立した特許権が実質的にどういった効力を有するかは、特許請求の範囲の記載内容を確認しないと、発明の名称や図面だけで判断することはできません。

なお、特許請求の範囲の記載は、審査の過程で拒絶理由通知を受けると、拒絶の根拠として示された先行技術との相違を考慮して、補正されることが少なくありません。この場合に、明細書に開示されていないことを追加する補正は許されないため、特許出願の際には、特許を受けたい発明の内容を明細書に漏れなく記載するよう留意する必要があります。

(4) どのくらいの数の特許が出願されているのか

ところで、日本ではどのくらいの数の特許が出願されている

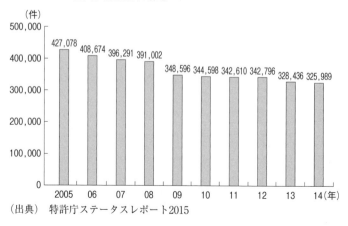

図表2−10　特許出願件数の推移

(出典)　特許庁ステータスレポート2015

のでしょうか。

　図表2－10は、日本の特許庁における過去10年間の特許出願件数の推移を示したものです。2006年までは40万件を超えていた出願件数が、ほぼ毎年減少し続けています。リーマンショックや東日本大震災の影響もありますが、企業の特許戦略が「量から質」に転換していることの表れともいわれています。

　その一方で、外国への特許出願件数は増加傾向が続いています。海外市場の比重が増すにつれて、わが国の企業が特許出願にかける予算を、国内から国外にシフトさせていることも推測されます。

7 特許出願の審査はどのように進められるのか、出願から査定までの流れについて説明してください

(1) 原則として出願日から1年6カ月後に出願公開される

必要な書面をそろえて特許を出願すると、その後は次のように扱われることになります（図表2−11）。

特許出願の際に提出した明細書などの書類は、原則として出願日から1年6カ月が経過すると、公開特許公報が発行されて

図表2−11　特許出願から査定までのフロー

```
          ┌─── 特許出願 ───────[出願日から1年6カ月経過後]
          │       │              → 出願公開 → 公開公報発行
    3年以内 │
          │
          └─── 審査請求 ──────────────→ 審査請求なし
                  │                         ↓
                  │                      みなし取下げ
                  ↓
                 審　査 ←──────────┐
                  │                 │
                  │          拒絶理由通知書
                  │                 ↓
                  │          意見書・補正書
                  ↓                 ↓
               特許査定          拒絶査定
                  ↓
              （特許料納付）
               設定登録
```

その内容が公開されます(特許法64条)。1年6カ月という期間は、発明を公開する必要性と出願人の保護のバランスを考慮して定められたものですが、発明を秘密管理する場合とメリット・デメリットをよく比較したうえで、特許出願を行うかどうかを判断することが求められます。

(2) 実体審査を受けるには審査請求が必要

必要な書類がそろっているか、手数料が支払われているかといった方式的な審査は、すべての特許出願を対象に行われますが、新規性、進歩性といった実体的な特許要件についての審査は、出願審査の請求を待って開始されます(特許法48条の2)。

特許要件を満たすかどうかの審査は、すべての出願について必要なわけではありません。出願後に事業化を断念して特許を取得する意味がなくなった、発明が公開されて他人が特許を取得できなくなれば十分だ、といった理由から、特許要件の審査を受ける必要性に乏しい出願も存在しているためです。このような出願の審査によって、権利化を急いでいる他の出願の審査が遅れてしまうことがないように、権利化が必要な出願について審査請求を行う制度が採用されています。

出願日から3年以内に審査請求を行わないと、出願は取り下げられたものとみなされるので(同法48条の3第4項)、審査請求の期限には留意が必要です。

(3) 拒絶理由通知とその対応策

　審査請求が行われた出願は、特許庁の審査官によって、特許要件を満たすか審査されます。審査官が特許要件を満たさないと判断すれば、直ちに特許が受けられないことが確定するのではなく、出願人に対して拒絶理由が通知されます（特許法50条）。出願人には意見を述べる機会が与えられ、特許要件を満たすと考える理由について、意見書を提出して説明することができます。

　また、拒絶理由通知に示された特許が受けられない理由を解消するために、特許請求の範囲を補正することも可能です。たとえば、特許請求の範囲に記載した発明と同じ先行技術が存在するので新規性がないという拒絶理由が通知された場合には、その先行技術と異なる要素を加えた発明に特許請求の範囲を補正して、補正後の発明は新規性があると主張するという対応策が考えられます。ただし、補正する内容に、最初に提出した明細書などに記載されていない事項を含むことはできません。

　そのほかに、2以上の発明を含むと指摘された出願を分割することや（同法44条）、特許権の取得を断念して実用新案登録出願や意匠登録出願に出願を変更すること（実用新案法10条、意匠法13条）も可能です。

　特に出願の分割は、2以上の発明を含むという拒絶理由への対応以外にも、よく利用されている制度です。拒絶理由通知を受けた後に、技術的範囲を狭める補正を行って早期の特許成立

をねらいながら、当初の広い範囲についても権利化を目指したいといったケースでは、後者を分割出願することによって対応が可能です。

(4) 特許査定と拒絶査定

審査で拒絶の理由が発見されなければ（意見書や補正によって拒絶理由が解消された場合も含む）、特許査定が行われます（特許法51条）。特許査定の謄本を受領してから30日以内に1～3年目分の特許料を納付すると、設定登録が行われて特許権が発生します（同法66条）。

特許権の存続期間は出願日から20年（医薬品などを対象に5年を限度に存続期間が延長されることがあります）と規定されていますが（同法67条）、特許権を維持するためには所定の特許料を納付することが必要です。1～3年目分は設定登録時に納付しますが、3年目以降も特許権を維持したければ、その後も各年分の特許料（年金）を納付しないと特許権が消滅してしまうことに留意が必要です。

一方、意見書や補正書を提出しても拒絶の理由が解消されないと判断された場合には、拒絶査定が行われて、審査が終了します（同法49条）。

(5) どのような企業が特許権を取得しているのか

ところで、日本ではどのような企業が特許権を取得しているのでしょうか。

図表2-12 特許登録件数上位10社（2014年）

順位	出願人	登録件数
1	キヤノン	4,597
2	三菱電機	4,506
3	パナソニック	4,267
4	トヨタ自動車	3,860
5	東芝	3,408
6	リコー	2,994
7	富士通	2,770
8	デンソー	2,714
9	富士フイルム	2,576
10	本田技研工業	2,522

（出典） 特許庁ステータスレポート2015

　図表2-12は、2014年における日本の特許登録件数上位10社を示したものです。日本を代表する大手メーカーの名前が並んでいますが、ほとんどが電機または自動車関連のメーカーとなっており、特にこれらの分野で特許権の取得が活発に行われていることが読み取れます。

8 特許査定や拒絶査定に対して、不服を申し立てることは可能ですか

(1) 審査ですべてが確定するわけではない

特許出願の審査は、特許査定か拒絶査定によって終了しますが、これによって権利の有効性が確定するわけではありません。成立した特許権に対する異議や、拒絶査定に対する不服が申し立てられることがあるためです（図表2−13）。

(2) 拒絶査定に不服がある場合

特許出願が拒絶査定を受けても、特許を受けられないことが直ちに確定するわけではありません。拒絶査定に不服があれば、拒絶査定の謄本送達から3カ月以内に、拒絶査定不服審判を請求することができるためです（特許法121条）。実務上、この制度の利用は珍しいことではなく、最近の統計からは、拒絶査定を受けた特許出願のうち、4分の1程度は拒絶査定不服審判が請求されていることが推測されます。

拒絶査定不服審判を請求すると、3人または5人の審判官によって審理が行われます。審理の結果、特許要件を満たすと判断されれば特許審決が、拒絶の理由を覆すことができないと判断されれば拒絶審決がされることになります。

図表2-13　査定から審決取消訴訟までのフロー

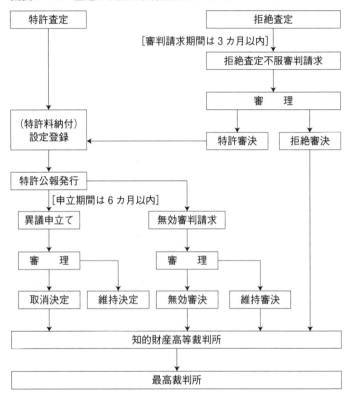

(3) 成立した特許を消滅させたい場合

　審査で特許査定を受け、特許料が納付され設定登録された特許権については、特許公報が発行されて特許の内容が公示されます。これに対して、成立した特許権が本来は特許されるべきものでないと考えるなら、利害関係の有無にかかわらず、異議

を申し立てることが可能です（特許法113条）。特許異議の申立ては特許公報の発行から6カ月以内に行うことが必要ですが、その期間を経過した後も、利害関係人であれば特許無効審判を請求することが可能です（同法123条）。

特許異議の申立制度は2015年4月に創設され、成立した特許を消滅させる2つの制度が並存することになりますが、当事者間の争いの解決を主な目的とする特許無効審判に対して、特許異議の申立ては特許の有効性の見直しに役立つものとなることが期待されています。

特許異議の申立てと特許無効審判は、3人または5人の審判官によって審理されます。取消理由や無効理由に該当すると判断されれば、取消決定や無効審決によって特許権が消滅しますが、該当しないと判断されれば、維持決定や維持審決によって特許権の効力は維持されることになります。

(4) 決定や審決について争いたい場合

特許異議の申立てにおける決定、拒絶査定不服審判や特許無効審判における審決は、いずれも特許庁における最終的な結論ですが、さらに決定や審決について争いたければ、裁判所に出訴することが可能です。

審決や取消決定に不服があれば（維持決定のみ対象に含まれていないのは、利害関係があれば特許無効審判を請求できるためです）、審決や取消決定の謄本送達から30日以内に、知的財産高等裁判所に審決や取消決定の取消しを求める訴えを提起するこ

とができます（特許法178条）。さらに不服があれば最高裁判所で争うことも可能ですが、裁判所まで持ち込まれる取消訴訟は実務上それほど多くはなく、最近の統計では、特許出願の件数が年間30万件以上あるのに対して、特許に関する審決取消訴訟の出訴件数は年間数百件レベルにとどまっています。

　なお、取消訴訟で争うことができるのは、あくまで審決や取消決定が取り消されるべきということまでです。行政機関ではない裁判所が、「特許すべき」という判断まで行うことはできないので、審決や取消決定が取り消されると、特許庁で再度審理が行われることになります。

9 特許権の効力が及ぶ技術的範囲をどのように判断すればよいのか教えてください

(1) 特許請求の範囲によって決まる特許発明の技術的範囲

本章－6で、特許発明の技術的範囲は「特許請求の範囲」の記載によって特定されることを説明しましたが、この意味について、もう少し具体的に検討してみましょう。

仮想の事例ですが、世の中に存在している鉛筆はすべて断面が丸いものばかりで、鉛筆が机上から転がり落ちやすくて困っているという状況を想像してみてください。ここで、断面を六角形にすることによって転がり落ちにくい鉛筆を発明したとします（図表2－14）。

この発明について、特許請求の範囲に「断面が六角形の鉛

図表2－14 特許請求の範囲の記載によって生じる特許権の技術的範囲の違い

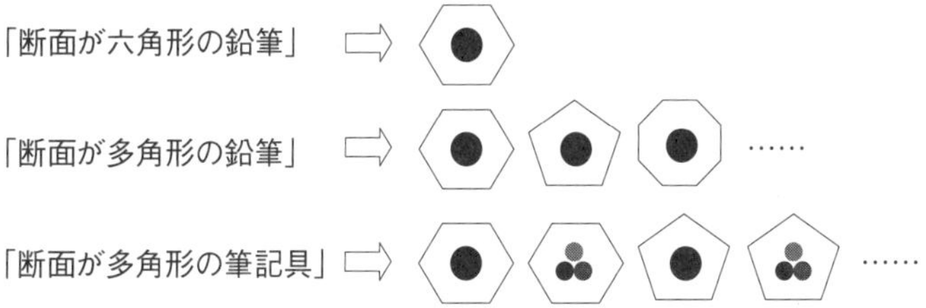

「断面が六角形の鉛筆」 ⇨ ⬢

「断面が多角形の鉛筆」 ⇨ ⬢ ⬟ ⬣ ……

「断面が多角形の筆記具」 ⇨ ⬢ ⬟ ⬣ ⬠ ……

筆」と発明を特定して特許権を取得すると、特許発明の技術的範囲に含まれるのは、文字どおり断面が六角形の鉛筆だけになります。つまり、断面を五角形や七角形にしても同じような効果が得られるにもかかわらず、特許権の侵害には当たらないことになってしまうのです。

こうした事態を防ぐためには、発明を「断面が多角形の鉛筆」と特定すればよいでしょう。特許発明の技術的範囲はより広いものとなり、断面が五角形や七角形の鉛筆も対象に含まれることになります。

(2) 一致しない構成要素があれば技術的範囲に属さない

「断面が多角形の鉛筆」と特定した場合、この発明を「断面が多角形」（A）と「鉛筆」（B）という、2つの要素からなる発明ととらえることができます。特許発明の技術的範囲に属すると判断されるには、すべての構成要素が一致することが条件になるので、たとえば、Bの構成要素が一致しない「断面が多

図表2-15 発明の構成要素と権利侵害

特許発明	A	B	C		技術的範囲に
(1)	A	B	C		属する
(2)	A	B			属さない
(3)	A	B		D	属さない
(4)	A	B	C	D	属する

角形のボールペン」は、特許発明の技術的範囲には属さず、特許権を侵害することにはならないのが原則です。このような事態を防ぐためには、特許請求の範囲を「断面が多角形の筆記具」としておくことが必要になります（図表 2 −14）。

構成要素の数が増加しても、基本的な考え方は同じです。図表 2 −15のように「A + B + C」を構成要素とする特許発明に対して、「A + B」のみが一致する発明(2)や、「A + B + D」のように一部が一致しない発明(3)を実施しても、特許権を侵害することにはならないのが原則です。一方、「A + B + C」と同一の発明(1)はもちろんのこと、「A + B + C + D」のように他の構成要素を含んだ発明(4)を実施する場合も、特許発明のすべての構成要素を含んでいるため、特許発明の技術的範囲に属すると判断されることになります。

(3) クレーム解釈によって決まる特許発明の技術的範囲

さて、特許請求の範囲に特許発明が「断面が多角形の筆記具」と記載されている前提で、図表 2 −16に示したように、断面が丸い鉛筆の一部の断面のみが多角形となっている場合は、特許発明の技術的範囲に含まれることになるのでしょうか。

図表 2 −16 「断面が多角形」といえるか？

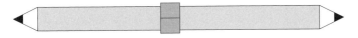

こうしたケースでは、特許請求の範囲における「断面が多角形」の解釈（クレーム解釈）が争われることになります。出願当時の技術常識や明細書の記載が参考にされて、「断面が多角形」の意味は、「断面の全体が多角形」なのか、それとも「断面の少なくとも一部が多角形」なのかが検討され、その結論によって特許発明の技術的範囲が決まることになります。

　もっとも、初めから特許請求の範囲を「断面の少なくとも一部が多角形」と記載しておけば、このような争いが生じることはありません。特許請求の範囲をどのように記載するかは、特許権の実質的な効力を大きく左右することになるので、特許権を取得する際には十分な検討が必要です。

10 特許権を取得すれば、どのように活用することができますか

(1) 特許発明を活用する3つの形態

特許の対象となる発明は有体物ではないので、それを「活用する」といっても、具体的なイメージが湧きにくいのではないでしょうか。

特許権を取得した発明を活用する方法には、①自ら特許発明を実施する、②他者に特許権をライセンスする、③他者に特許権を譲渡する、という3つの形態が考えられます(図表2–17)。

(2) 自ら特許発明を実施する

まず、①の「自ら特許発明を実施する」形態からみていくことにしましょう。②のライセンスや、③の譲渡に比べると、「活用」の直接的な成果を数字で測りにくいため、「活用」の一

図表2–17　特許発明の3つの活用形態

第2章　技術開発の成果を保護する知的財産制度

形態としてはイメージしにくいかもしれません。しかし、世の中に存在する圧倒的多数の企業は、権利のライセンスや譲渡ではなく、商品の製造販売やサービスの提供によって収益を得ています。こうした企業が特許権を取得すれば、①のように特許発明を自ら実施するパターンが多くなるはずです。

自社が開発した製品に関して特許権を取得すれば、特許発明を活かした独自の機能が他社製品との差異化要因となり、有利な立場で事業を展開することが可能になります。自ら特許発明を実施しての事業の強みを支えるパターンこそ、最も典型的な活用形態といえるでしょう。

自社だけが特許発明を実施できる状態を維持するためには、無断で特許発明を実施しようとする者がいれば、その実施を中止させ、発生した損害について賠償を求めることが必要になります。そのため、排他的な権利である特許権には、特許権を侵害する者に対する差止請求権（特許法100条）と損害賠償請求権（民法709条）が認められています。自ら特許発明を実施して収益を得るというケースでは、こうした権利を積極的に行使するというかたちで、「特許権の活用」が表面化することもあります。

(3) 特許権をライセンスする

自ら特許発明を実施する活用形態のほかに、財産権である特許権は、他人にライセンスすることも可能です。

ライセンスには、ライセンス収入が得られるという直接的な効果だけでなく、プレイヤーの増加によって市場が拡大する効

果を期待することもできます。

2015年1月には、トヨタ自動車が燃料電池自動車（FCV）関連の特許を一定期間無償でライセンスすることを公表して、話題になりました。FCV市場に参入する自動車メーカーが増加することによって、水素ステーションなどのインフラの普及が進むことをねらったものとみられています。特許権から得られるライセンス料収入ではなく、市場の拡大をねらったライセンスの好例といえるでしょう。

(4) 特許権を譲渡する

また、財産権である特許権は、他人に譲渡することも可能です。すみやかに投資を回収したい場合、たとえば、ある事業からの撤退を決めたケースで、事業とあわせて特許権が譲渡される例は少なくありません。

2012年には、米国でグーグルがモトローラ・モビリティを約125億ドルで買収して世界を驚かせましたが、当時、世界各地でスマートフォン関連の特許紛争が激化していたグーグルが、自社の特許資産を強化するねらいでモトローラ・モビリティを買収したといわれました。実際、2014年には、グーグルは主な特許を自社に残して、モトローラ・モビリティを中国のレノボに売却しています。

なお、特許権を譲渡するには、当事者間の契約のみでなく、特許庁で移転の登録を行わないと効力が発生しないことに留意が必要です（特許法98条）。

11 特許権のライセンスには、どのような形態がありますか

(1) 専用実施権と通常実施権

本章-10で説明した特許の活用形態のうち、ライセンスの具体的な方法について説明しておきましょう。

特許権を他人にライセンスする形態として、特許法には専用実施権（特許法77条）と通常実施権（同法78条）が規定されています。文字どおり、専用実施権はライセンスを受けた者のみが特許発明の実施を専有する権利であり、通常実施権とはライセンスを受けた者が特許発明を実施することができる権利のことです。

(2) 専用実施権は実質的には譲渡に近い

専用実施権の設定を受けた者は、特許権の侵害に対して差止めや損害賠償の請求が認められるなど、特許権者に近い立場に立つことになります。専用実施権を設定した範囲では、特許権者自身も特許発明を実施できなくなるので、実質的には譲渡に近い権利ということができます。

特許権者自身の実施が制限されるので、実際にライセンスで用いられる例は多くないようですが、地域、期間などを限定して設定すれば、ある地区で総代理店を指定して業務を任せたい

ようなケースでは、有効な手段となりうるでしょう。

専用実施権の設定は、特許権を譲渡する場合と同様に、当事者間の契約だけでは効力が生じないので、特許庁に専用実施権の設定を登録することが必要です（特許法98条）。

(3) 通常実施権は複数の実施権者に設定できる

通常実施権は実施権者に特許発明の実施を認める権利であり、これによって特許権者の実施が制限されることはありません。同じ範囲を対象に、複数の実施権者に対して通常実施権を設定することも可能です。同業者に広く特許権を開放して、特許発明に基づく技術の普及を優先したい場合には、通常実施権の設定を積極的に進めることになります。現在行われている特許権のライセンス契約のほとんどは、ライセンスの条件はさまざまであるものの、通常実施権に該当すると考えて問題ありません。

通常実施権は、実施権者による特許発明の実施を認める権利にすぎないので、特許権の侵害に対して、実施権者には差止めや損害賠償の請求が認められないのが原則です。また、当事者間の契約があれば、特許庁に登録しなくても有効なライセンスと認められ、特許権が第三者に譲渡された場合にも通常実施権の存在を主張することが可能です（特許法99条）。登録がなくても第三者に対抗できるのは、他の財産権にはない特殊な制度ですが、産業界では相互にさまざまな特許権のライセンスが行われる一方で、費用面や公示のリスクを考慮してそのほとんどが

登録されていないという実態を考慮して、2011年の法改正でこの制度が導入されました。

　なお、ある実施権者に独占的な実施を認める一方で、特許権者自身も特許発明を実施したいという場合、独占的通常実施権という実施権を設定することがあります。独占的通常実施権も特許法上は通常実施権の一形態という位置づけであり、独占的な地位は特許法ではなく、当事者間の契約によって保証されることになります。

12 ライバル企業に特許権を侵害されたら、どのように対応すべきですか

(1) 特許権によるけん制効果

　特許権は、特許発明を排他的に実施することができる権利です。そのため、ライバル企業が特許権の存在に気づけば、差止めや損害賠償を請求されるリスクをおそれて、特許発明の実施を思いとどまることになるはずです。ライバル企業が特許発明の実施を自粛してくれれば、その特許発明に関する技術は自社のみが利用できる状態となり、商品やサービスの差異化に結びつきます。このように、特許権のけん制効果が有効にはたらいていれば、特許権者からアクションを起こす必要は生じません。

　しかし、特許権を取得したからといって、直ちにそうした理想的な状況が生じるとは限りません。ライバル企業が特許権の存在に気づかないこともあれば、気づいても特許権を侵害しないと判断して、実施を継続されてしまうこともあります。こうした場合に、特許権者としてはどのような対応が考えられるのでしょうか。一般的な流れを追ってみることにしましょう（図表2-18）。

図表2−18 特許権を侵害された場合の対応

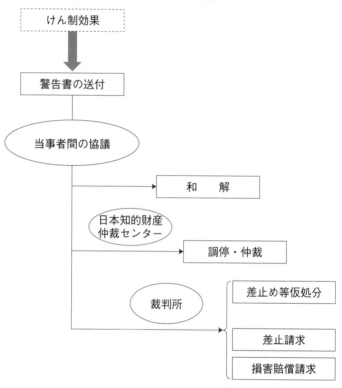

(2) 警告書を送付する

自社の特許権を他人に侵害されている可能性がある場合には、相手方の商品の現物やパンフレットを手に入れて、特許発明の技術的範囲に属するかを検討することが必要です。特許発明の技術的範囲に属するかを検討する際の考え方は、本章−9

で説明したとおりです。

特許発明の技術的範囲に含まれ、侵害に該当する可能性が高ければ、相手方に警告書を送付するのが通例です。実務上は、いきなり警告書の形式をとるよりも、さまざまなルートを通じて特許権の存在を伝えたり、相手方の考えをたずねたりすることからスタートすることが多いようです。

(3) 裁判以外の手段によって解決する

警告書を受けた相手方が侵害でないと考えているならば、相手方から理由が示されるはずです。その理由が十分に納得のいくものであれば、権利行使は断念せざるをえません。納得のいくものでなければ、協議を継続するか、権利行使に進むかの判断が求められることになります。

相手方が侵害を認めた場合には、過去の損害賠償について協議するとともに、将来については設計変更の検討やライセンスの条件交渉などが行われます。当事者間の協議が合意に達すれば、そこで和解が成立することとなります。

また、裁判外での紛争解決のために設けられている日本知的財産仲裁センターを利用して、弁護士や弁理士による調停や仲裁を求めるという方法もあります。

(4) 裁判で権利を行使する

当事者間の協議によって解決に至らなければ、権利行使に進まざるをえません。具体的には、特許権者や専用実施権者は、

特許権を侵害する者に対して、実施の差止めや損害賠償を請求することが認められています。こうした訴訟の提起とあわせて、すみやかに侵害行為を停止させたい場合には、差止めを求める仮処分の申立てが行われることもあります。

損害賠償を請求する際には、権利者側で発生した損害額を立証することが必要になります。しかし、相手方の侵害行為によってどの程度の損害額が発生したかを立証するのは、容易ではありません。こうした事情を考慮して、少なくともライセンス料相当額の請求が認められるほか（特許法102条）、損害額の算出を容易にするためのさまざまな規定が設けられています。

(5) 知的財産高等裁判所とは

知的財産権に関する紛争を扱うには、高度な専門性や迅速な審理が求められることを背景として、知的財産権に関する事件を専門に取り扱う知的財産高等裁判所が、2005年に東京高等裁判所に設置されました。

特許権に関する侵害訴訟の第一審は東京または大阪の地方裁判所で審理されますが、控訴審は知的財産高等裁判所で扱われることになります。特許庁の審決や決定に対する取消訴訟は、全国の事件について知的財産高等裁判所が第一審となります。

13 特許権は排他的な効力のある権利なので、特許権を取得すればビジネスを独占できますか

(1) 特許権があればビジネスを独占できるとは限らない

「特許製品」といった言葉からイメージされるように、特許権を取得すれば、ある製品を製造販売するビジネスを独占できると理解されていることがあるかもしれません。しかし、現実の世界に目を移すと、特許権を取得することによってビジネスが独占されている例は、医薬品など一部の分野に限られています。特許権を取得しても、ビジネスの独占には至らないのが圧倒的多数というのが実情です。

その理由は、特許権の保護対象が「発明」であるのに対して、ほとんどの商品やサービスは1つの発明だけで構成されるわけではないということ、つまり「発明＝商品」という関係にはならないことにあると考えられます。

(2) 特許権によって独占できるビジネス

医薬品の分野では、医薬品としての効能を有する新しい物質を発明して、その物質について特許権を取得すれば、その医薬品を製造販売するビジネスを独占できるという構図が成り立ちます。そして、医薬品の開発には多額の投資を要するため、新

薬の開発に際しては、投資回収のために十分な期間、独占的な利益を維持できるように、開発成果について特許権を取得することが必要不可欠です。

特許権の存続期限が到来して、いわゆる「特許切れ」となった医薬品については、他の製薬会社から後発医薬品（ジェネリック医薬品）が提供されることによって、特許権を保有していた製薬会社の収益が急激に悪化することがあります。主力製品の特許切れを理由に、製薬会社の株価が下落基調をたどるというケースも少なくありません。

(3) 特許権があっても独占できないビジネス

一方、電子機器や機械などの分野では、新しい商品は多様な技術の組合せから成り立っていて、そのなかには数多くの発明が含まれていることが通常です。1つの商品に含まれる発明について、一企業だけですべての特許権を取得するという状態は非現実的であり、多くのケースではさまざまな企業が保有する特許権を利用しないと、1つの商品をつくることができません。

(4) クロスライセンスとパテントプール

こうしたケースでは、特許権を保有する企業がお互いの権利を主張し始めると、だれも商品を製造販売できないことになってしまうため、商品の製造販売に必要な特許権を相互にライセンスし合う「クロスライセンス」が行われています（図表2－

図表2−19 クロスライセンスのイメージ

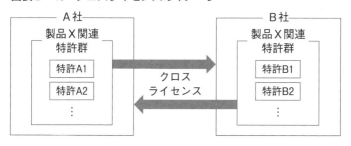

19)。ある商品の製造販売に必要な特許権を持ち寄り、そこから一括してライセンスを受ける「パテントプール」という方式が採用されることもあります（図表2−20）。

こうしたクロスライセンスやパテントプールにおける契約条件を少しでも有利にするためには、重要な技術要素について、できるだけ多く、できるだけ質の高い特許権を保有することが求められます。そのため、先端技術を扱う電子機器メーカーや機械メーカーでは、個々の特許権の内容だけでなく、どのような特許資産を保有しているかという「特許ポートフォリオ」を意識することも重要になります。

また、クロスライセンスやパテントプールによってどの企業も同じ技術の利用が可能になると、提供する商品にほとんど差がなくなってしまうので、価格競争の激化が避けられません。そのため、すべての技術について特許権を取得してライセンスの対象にするのではなく、市場の拡大を意識してオープンにする技術と、ライバル企業との差異化を意識してクローズにする

図表2−20 パテントプールのイメージ

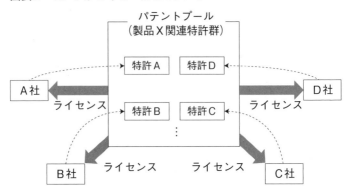

(特許権を取得してもライセンス対象にしない、あるいは特許を出願せずに秘密管理する)技術を使い分ける、いわゆる「オープン&クローズ戦略」という考え方が注目されています。

14 特許権を侵害していると警告を受けたら、どのように対応すべきですか

(1) 警告書の有効性を確認する

　ライバル企業から、当社の特許権を侵害しているので商品の製造販売を中止してほしい、との警告書が届きました。対応に慣れていないと、警告を受けただけで事業を中止せざるをえないと、判断を急いでしまうかもしれません。しかし、警告を受けても問題なく事業を継続できるケースは少なくないので、慌てることなく、順を追って対応策を検討することが求められます（図表2−21）。

　初めに行うべきことは、警告書が有効なものであるかの確認です。侵害しているとされる特許権は、現在も有効に存続しているのか（存続期間の経過や特許料の未納で消滅していることはないか）。警告者は、現在の特許権者か専用実施権者なのか（特許権や専用実施権が設定登録後に譲渡されていることはないか）。これらの事項を特許庁の登録原簿で確認します。特許公報が発行された後に、特許権が譲渡されたり、特許料が納付されず失効していたりする可能性もあるので、最新の登録原簿で確認することが必要です。

図表2−21　特許権侵害の警告への対応策の検討

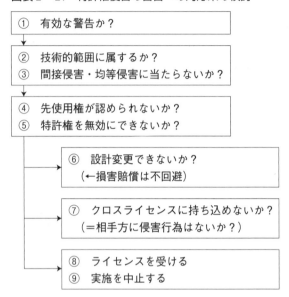

(2) 特許発明の技術的範囲に属するか

　有効な警告である場合は、侵害であると指摘された実施行為が相手方の特許発明の技術的範囲に属するかを検討します。対象となる特許権の特許請求の範囲に記載されている発明と、自社の実施行為を対比して、特許発明のすべての構成要素を含んでいれば技術的範囲に属することになりますが、一部の構成要素が異なっているので技術的範囲に属さない、と判断できることもあります。

　ただし、間接侵害（特許法101条）や均等論（一定の要件を満

たせば異なる要素があっても特許発明と実質的に同一と評価する考え方）による侵害の要件に該当すると、すべての構成要素が一致しなくても、例外的に特許権侵害と扱われるケースがあることに留意が必要です。特に、特許発明の特徴的な部分が共通していて、相違する部分が発明において本質的な要素ではないと考えられる場合は、弁護士や弁理士などの専門家に相談することが望ましいでしょう。

(3) 先使用権の存在や特許権の無効を主張できないか

ここまでの検討で特許権を侵害するおそれが強いと判断される場合は、そのほかに侵害に該当しないと主張できる根拠がないかを検討します。1つは、先使用権（特許法79条）で、対象となる特許権の出願以前に実施または実施の準備をしていれば、そのまま実施を継続する権利が認められることがあります。この権利を主張するためには、特許出願の時点で実施または実施の準備をしていたことを証明しなければならないので、日頃から設計図や仕様書、作業日誌などを適切に管理する習慣が重要になります。

もう1つの手段として、特許無効審判（同法123条）を請求して、対象となる特許権を無効にすることが考えられます。特許査定を受けたといっても、審査において世界中のすべての文献を調査できるわけではありません。実際にその分野で事業を行っている当事者があらためて調査すれば、発明の新規性や進歩性を否定することができる新たな文献が見つかることもあり

ます。対象となる特許権が無効である可能性が高ければ、特許無効審判を請求しなくても、侵害訴訟において特許権の無効を主張することが可能です（同法104条の3）。

　警告をした特許権者にとって、特許権が無効になると、他の有効なライセンス契約も無効になるおそれが生じる、他の実施者に対してもライセンスを求められなくなるなど、大きなダメージになります。そのため、特許権を無効にできる有力な証拠資料が見つかれば、実際に特許無効審判を請求しなくても、証拠資料の存在を示しながら有利な条件でライセンスを受けて、早期に決着を図るという戦術をとることも可能になります。

(4) 特許権侵害と判断せざるをえない場合

　これまで説明した検討を進めても、特許権の侵害に該当することを否定できなければ、警告者との間でなんらかの合意を得るしかありません。

　1つには、特許権の構成要素を満たさなくなるように、いずれかの部分の設計を変更して、侵害状態を解消することが考えられます。ただし、侵害とならないのはあくまで将来の実施行為なので、過去の侵害行為により発生した損害賠償を免れることはできません。

　もし警告者が同業者であれば、相手方も自社の特許権を侵害しているかもしれません。自らが保有する特許権をあらためて確認して、相手方も特許権を侵害していないか検討してみると

よいでしょう。相手方にも特許権侵害の可能性があれば、クロスライセンスに持ち込むことが考えられます。

　こうした手段もとりえない場合には、特許権のライセンスを受けるよう交渉する、あるいは実施を中止するといった判断が求められることになります。

15 企業の従業員が行った発明について、特許を受けることができるのは企業と従業員のどちらですか

(1) 特許を受ける権利は発明者に発生する

　現在、多くの発明は企業の業務のなかで行われ、企業が権利者となっている特許権が多数を占めています。企業に勤める従業員が業務のなかで発明を行えば、開発費用は企業が負担しているのだから、特許権を取得することができるのも当然に企業である、と思われていることが多いのではないでしょうか。

　ところが特許法では、こうしたケースにおいても、特許を受ける権利は発明を行った従業員個人に発生するという考え方をとっています。企業における他の業務と比較すると、業務における成果が個人に帰属することに特異な印象を受けるかもしれません。ところが特許法では、産業の発達という目的に貢献する発明を促進するためには、発明者に対するインセンティブを法律的に明確にすることが望ましいという立場から、従業員個人に特許を受ける権利が発生するという考え方を採用しています。

　それでも多くの特許権は、従業員個人ではなく企業が権利者となっています。これは、社内規程などに基づいて従業員が企業に特許を受ける権利を譲渡し、企業の名義で特許を出願しているためです。特許を出願する機会が多い企業では、従業員が

職務として行った発明(職務発明)について、特許を受ける権利を包括的に企業に譲渡することを、職務発明規程と呼ばれる社内規程で定めることが一般的になっています。

(2) 職務発明に関する争い

こうした職務発明について、これまでの特許法では、従業員に相当の対価を支払うことを条件に、職務発明規程などの定めによってあらかじめ企業への譲渡を求めることができるものとされてきました(特許法35条)。しかし、企業が特許権を取得した後に、特許を受ける権利の帰属や対価の支払について、企業と従業員の間に争いが生じることがあり、企業が保有する特許権を不安定にさせるという問題がたびたび指摘されてきています。なかでも、青色LEDに関する特許について、発明者であるカリフォルニア大学サンタバーバラ校教授の中村修二氏が、当時勤務していた日亜化学工業株式会社と争った訴訟(2005年に和解が成立)はよく知られており、中村修二氏がノーベル物理学賞を受賞した際にもあらためて話題になりました。

(3) 職務発明に関する規定の改正

こうした問題についてさまざまな議論を経たうえで、特許法の職務発明に関する規定を改正する改正特許法が2015年7月に成立しました。改正後の規定によれば、企業が職務発明規程などに定めておけば、従業員が行った職務発明について特許を受ける権利を、発明が生まれた段階で企業に帰属させることが可

能になります。ただし、従業員は相当の金銭などの経済上の利益を受ける権利を有するものとされていて、その利益について国がガイドラインを示すこととなる予定です。特許を受ける権利の帰属が不安定になる問題を解消する一方で、発明者の待遇については特許法で一定の保証を行うという、企業と発明者の双方のニーズに配慮した改正といえるでしょう。

(4) 職務発明以外の発明はどのように扱われるか

なお、企業の従業員が行った発明であっても、その従業員の職務の範囲外のものであれば職務発明には該当しないため、特許を受ける権利は従業員個人に発生することになります。

また、特許を受ける権利を企業に帰属させる職務発明規程などの定めがない企業には、職務発明に関する改正法の規定が適用されないので、職務発明であっても特許を受ける権利は従業員個人に帰属することになります。そのため、企業の名義で特許を出願する場合には、企業は従業員個人から特許を受ける権利を譲り受ける手続を行わなければいけません。

16 外国で特許権を取得するためには、どのような方法がありますか

(1) 外国で保護を受けるにはその国で有効な特許権が必要

商品の広告や説明資料に、「国際特許」といった記載を見かけることがあります。しかし、本章-1でも説明したように、発明はそれぞれの国の法律に基づいて保護されるものであり、全世界共通の効力を有する権利が付与されることはありません。「国際特許」という記載の意味は（それ自体あまり正確な表現ではありませんが）、国際的に有効な特許権を保有しているということではなく、外国でも特許権を取得していることを示していることが一般的です。

日本で特許を出願する発明について、外国でも特許を出願したい場合は、①パリ条約に基づく優先権を主張して各国（パリ条約の同盟国）に出願する、②特許協力条約（PCT）に基づく国際出願制度を利用して国際出願を行う、のいずれかによることが一般的です。

(2) パリ条約による優先権を主張して出願する

産業財産権に関する国際的なルールを定めたパリ条約には、外国への出願に実質的な猶予期間を設ける優先権制度が定めら

れています(パリ条約4条)。

　優先権制度とは、ある同盟国で行った出願に対して、同じ内容の出願を他の同盟国に出願する場合には、優先権を主張することによって、後の出願の新規性などの要件が、最初の同盟国への出願日を基準に判断されるという制度です。特許と実用新案について優先権を主張する出願が可能な期間は、第1国の出願日からは12カ月と定められています。つまり出願人には、出願が必要な国の選択や、各国で定められた言語で出願するための翻訳文の作成に、12カ月の猶予期間が与えられることになります。

　図表2-22は、優先権を主張して外国に特許出願を行う例を示したものです。第1国(自国)への出願を行った後に、出願した発明の公表や、発明を利用した製品の販売が行われて、新規性が失われたとします。新規性が失われた後に第2国(外国)に出願すると、第2国への出願時には発明が公知になって

図表2-22　パリ条約に定められた優先権制度

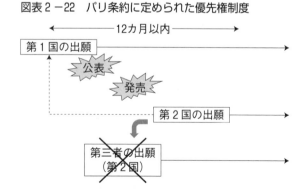

おり、新規性なしという理由で特許を受けることができません。そこで、第２国に優先権を主張して出願すれば、新規性の判断は第１国への出願日が基準になるため、新規性なしという理由で拒絶されるのを回避することができます。第２国において、第１国の出願日から第２国の出願日の間に第三者が同じ内容の特許出願を行った場合も、第１国の出願日を基準に先後願が判断されるため、後願であることを理由に拒絶されることはありません。

(3) 特許出願の手続を統一する特許協力条約

外国に特許を出願するためには、各国で定められた様式や言語で出願書類を作成する必要があるため、手続面の負担が重くなります。このような手続面の負担に配慮して設けられたのが、特許協力条約（PCT）に基づく国際出願制度です。

この制度を利用して日本の特許庁に国際出願をすれば、PCTのすべての加盟国に特許出願をしたのと同様の効果を得ることができます。ただし、国際出願はあくまで出願手続を統一する制度であるため、特許権を付与するかどうかはそれぞれの加盟国の判断となり、各国で特許権を取得するためには、所定の期間内に各国の国内段階に移行する手続が必要になります。この制度によって、世界共通の特許権が取得できるわけではありません。

⑷ 国際出願制度を利用するメリット

国際出願制度を利用する主なメリットは、国際調査機関（日本で出願する場合は通常は日本の特許庁）による国際調査報告を受け取れることと、各国に翻訳文などを提出して国内段階に移行するまでに30カ月の猶予期間が得られることです（図表2－23）。

国際調査報告には関連する先行技術が示されるとともに、新規性や進歩性についての見解書も添付されるため、特許権が成立する可能性を検討するうえで、参考になる情報を得ることができます。

また、各国で特許権を取得するためには、各国に翻訳文などを提出して国内段階に移行する手続が必要ですが、その手続を行う期間は、国際出願日（その国際出願が優先権を主張したものである場合は優先権の基礎となる出願の出願日）から原則として

図表2－23 特許協力条約に基づく国際特許出願

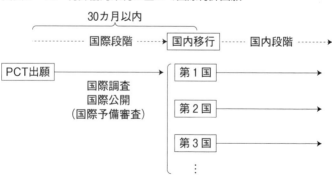

30カ月以内と定められています。どの国で特許取得を目指すかを判断する猶予期間が、パリ条約の優先権を主張して各国に出願するケースより長く得られることになり、その間に外国での事業化の見通しや国際調査報告を検討して、権利取得を目指す国を絞り込むことも可能です。外国への特許出願は高額な費用を要することが多いので、この猶予期間の存在は大きなメリットといえるでしょう。

(5) 増加する国際出願

こうしたメリットのある制度であることに加え、日本企業の海外市場への進出の積極化を背景にして、日本における国際出願件数は、過去10年で2倍近くに増加しています（図表2-24）。

図表2-24 日本国特許庁を受理官庁とする国際特許出願件数の推移

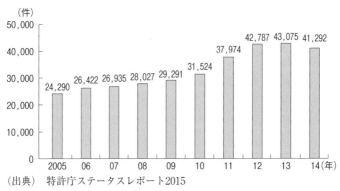

（出典）特許庁ステータスレポート2015

特許権の取得費用は会計上どのように処理されるのか？

「企業が取得した特許権は、会計上どのように処理されるのですか」と質問されることがあります。

特許権も「知的財産」という財産なのだから、固定資産に計上するべきではないか。しかし、バランスシートに「特許権」という勘定科目をみた記憶がない。たしかに、もっともな疑問です。

●外部から取得した特許権は固定資産に計上できる

対象となる特許権が外部から購入したものである場合は、「特許権」としてその取得価額を無形固定資産に計上することができます。購入先に支払った対価だけでなく、移転に必要な登録免許税などの取得に要した費用も資産計上することができます。

この場合、売買の対価によって特許権の経済的価値が明らかになるため、取得価額で資産計上できることは、設備投資などで有形資産を取得するケースと異なるものではありません。税務上の耐用年数は8年で、資産計上された特許権は耐用年数の間に減価償却されることになります。

●研究開発費は費用処理される

外部からの取得ではなく、自社の研究開発によって取得した特許権はどのように扱われるのでしょうか。

特許権の取得費用をどのようにとらえるかが問題になりますが、特許権の取得に結びついた研究開発費については、発生した期に費用処理されるのが原則です。実質的には特許権の取得に要した費用であるものの、研究開発費として処理するので、資産計上することはできません。

資産計上されない理由は、研究開発の成果が必ず特許権の取

得につながるとは限らないこと、特許権を取得したとしても研究開発費との対応関係を明らかにしにくいこと、研究開発への投資額と特許権の経済的価値が同じになるとは限らないことなどが考えられますが、弁理士費用などの特許権との対応関係が明らかな支出については、特許権として無形固定資産に計上することが可能です。ただし、通常こうした費用は、研究開発費に比べると少額であること、特許権が成立するか未確定な状態で期をまたいで発生しやすいことなどの理由から、資産には計上せず発生した期に費用処理されていることが多いようです。

●ケースによって異なる著作権

意匠権や商標権などの産業財産権についても、特許権と考え方は同じです。デザイン開発やブランド形成に投下した開発費や広告費は、資産計上の対象になりません。

一方、ケースによって処理が複雑になるのが、コンテンツやソフトウェアなどの著作権です。外部から購入した場合に無形固定資産に計上できるのは特許権と同様ですが、自社で制作や開発を行った場合は、販売目的か自社で利用する目的か、製品化までに要した費用か否かなどによって、会計上の処理が異なることになります。資産計上される場合にも、無形固定資産に計上すべきものと棚卸資産に計上すべきものがあるので、個別に専門家の判断を仰ぐのが望ましいでしょう。

17 実用新案制度とはどのような制度か、特許制度との違いを中心に説明してください

(1) 実用新案制度と特許制度の違い

特許と同じ技術的なアイデアを保護する制度として、実用新案制度が設けられています。実用新案制度は、特許制度に比べてさまざまな面で簡易な方式が採用されていて、いわゆる「小発明」の保護に適した制度となっています。

保護対象が技術的思想の創作であることが特許権と実用新案権の共通点ですが、実用新案権の対象となる考案は、「物品の形状、構造、又は組合せ」に限定されています（実用新案法1条）。コンピュータプログラムや物の製造方法などに関するアイデアは実用新案権の対象にはならないため、これらについて保護を受けたければ、特許を出願するしかありません。

保護対象についてはそのほかにも、技術的思想の創作が「高度のもの」か、進歩性の要件が「きわめて」容易か、といった違いがありますが、実務上は、出願段階であまり意識される問題ではありません。

(2) 無審査登録制度が大きな特徴

実用新案制度の最大の特徴は、新規性や進歩性などの実体的要件の審査が行われず、形式要件を満たしていれば登録が認め

られる、いわゆる無審査登録制度が採用されていることです（実用新案法14条2項）。新規性、進歩性などの登録要件を満たすかが審査されないまま登録が行われて、実際に権利侵害の争いが生じた場面で、権利の有効性が判断されることになります。

無審査登録制度は、登録までの期間が短くなるというメリットがある一方で、本来は無効な権利に基づく警告が濫発されてしまうおそれがあります。そこで、権利侵害を理由に警告を行う際には、特許庁の審査官が新規性や進歩性の要件を満たすかを評価した実用新案技術評価書を取得して、相手方に提示することが義務づけられています（同法29条の2）。

実用新案制度と特許制度の主な相違点を、図表2－25にまと

図表2－25　実用新案制度と特許制度

	実用新案	特許
保護対象	自然法則を利用した技術的思想の創作 物品の形状、構造、または組合せ	自然法則を利用した技術的思想の創作のうち<u>高度のもの</u>
保護要件	進歩性＝「<u>きわめて容易に</u>」	進歩性＝「容易に」
登録手続	形式審査のみ	実体審査あり
存続期限	出願日から10年	出願日から原則20年
権利行使の留意点	実用新案技術評価書を提示して警告	―

第2章　技術開発の成果を保護する知的財産制度

めておきます。

(3) 実用新案制度の現状

実用新案制度もかつては特許制度と同様に実体審査が行われていましたが、小発明の保護に適した制度とするために、無審査登録制度への移行と保護期間を短縮する法改正が1993年に行われました。ところが、改正前は年間10万件近くあった出願件数が改正後は急減し、年間1万件を切る水準にまで減少しました。2005年には存続期間が延長される（出願日から6年→10年へ）など、制度の利用を促す大きな改正が行われ、一時的に出願件数が増加しましたが、近年はまた年間1万件を切る水準で推移しています。

このように、年間30万件以上の出願がある特許制度に比べて、実用新案制度は活発に利用されているとは言いがたい状況にあります。特許を出願しておけば、拒絶理由通知を受けた段階で、実用新案登録出願に変更して登録を受けるという戦術も可能であり、企業が技術開発の成果を保護する手段としては、特許出願を前提に考えることが一般的です。

18 ノウハウが営業秘密として保護されるためには、どのような要件を満たすことが必要ですか

(1) 技術情報を秘密管理する

　技術開発の成果を保護する方法として、特許出願のほかにもう1つ考えられるのが、ノウハウなどの技術情報を物理的に秘密管理して、他人に無断で使用されることを防ぐ方法です。この方法を選択して秘密管理されている情報が一定の要件に該当すれば、物理的な保護だけでなく、情報の不正な取得や使用に対して法的な保護を受けられることもあります。保護を受けるためにはどのような点に留意して情報を管理すればよいのか、確認しておくことにしましょう。

(2) 営業秘密として保護される要件

　企業などが保有する情報が「営業秘密」に該当すれば、その不正な取得や開示、利用に対して、差止めや損害賠償を請求することが認められています（不正競争防止法2条1項4号〜9号、3条、4条）。こうした保護の対象になる営業秘密は、「秘密として管理されている生産方法、販売方法その他の事業活動に有用な技術上又は営業上の情報であって、公然と知られていないもの」（同法2条6項）と定義されており、製造ノウハウや設計図、製品仕様書のような技術情報のみでなく、顧客名簿や

図表2−26　営業秘密として保護される情報の要件

> ・秘密として管理されていること（秘密管理性）
> 　① 情報に触れることができる者を制限すること（アクセス管理）
> 　② 情報に触れた者にそれが秘密であると認識できること（客観的認識可能性）
> ・有用な営業上または技術上の情報であること（有用性）
> 　当該情報自体が客観的に事業活動に利用されていたり、利用されることによって、経費の節約、経営効率の改善等に役立つものであること
> 　現実に利用されていなくてもかまわない
> ・公然と知られていないこと（非公知性）
> 　保有者の管理下以外では一般に入手できないこと

(出典)　経済産業省知的財産政策室「営業秘密と不正競争防止法（平成25年8月）」から作成

営業日誌、販売マニュアルなどの営業情報も対象に含まれます。

この規定によって保護を受けられる情報は、事業活動に有用であり、公然と知られていないことに加えて、秘密として管理されていることが要件とされています（図表2−26）。実務上は、どのような管理を行えば「秘密として管理されている」（秘密管理性）と認められるかが、重要なテーマになるでしょう。

(3) 秘密管理されていると認められる管理方法

情報化の進展に伴う不正アクセスなどの技術的な情報漏洩リスクの拡大、雇用の流動化による人的な情報漏洩リスクの拡大

に伴って、企業の秘密情報の漏洩に関するトラブルが、これまで以上に発生しやすい状況になっています。どのような情報管理を行えば営業秘密として保護されるかは、個別の事案に応じて裁判所で判断されることになりますが、経済産業省が公開している「営業秘密管理指針」などのガイドラインやマニュアル類が、情報管理の具体策を考えるうえで参考になります。

営業秘密として保護されるための要件の1つである秘密管理性が認められるためには、これまでの裁判例からは、一般に、①情報に触れることができる者を制限すること（アクセス管理）、②情報に触れた者にそれが秘密であると認識できること（客観的認識可能性）が必要とされていますが、企業の規模や営業上の必要性を考慮して、比較的緩やかな管理でも営業秘密と認められた例があります。具体的な対応策は、経済性も考慮して個別に検討することが必要になりますが、情報が記録されている媒体に対する管理（秘密であることの明示や、施錠、パスワード設定による持出しやアクセスの制限など）に加えて、人に対する管理（秘密管理に関する社内規程の制定や社内教育の実施、秘密保持契約の締結や秘密保持に関する誓約書の提出など）にも留意しなければいけません。

(4) 営業秘密を管理することによる効果

営業秘密を管理することによるメリットは、単に情報が流出した際に差止めや損害賠償を請求できるという法的な効果にとどまるものではありません。

技術力や営業力を強みとする企業が「多くの経験によって蓄積されたノウハウが当社の強み」と説明することがありますが、それがいわゆる職人芸のように属人的なノウハウであれば、そのノウハウをもつ社員が退職すると、企業の強みが失われてしまうことになりかねません。強みであるはずのノウハウが、企業の財産といえる状態になっていないのです。

　ところが、こうしたノウハウをマニュアルなどのかたちに「見える化」して、営業秘密として管理すれば、ノウハウは人とともに移転する属人的なものではなく、その企業の財産として管理されることになります。営業秘密の管理には、ノウハウという無形の資産を、企業の財産として固定化する効果もあるのです。

　また、秘密管理の前提となるノウハウの「見える化」そのものにも重要な意味があります。製造、開発、営業などにおけるベストプラクティスが「見える化」されると、それを社内で共有することによって、業務の効率化を進めることができるからです。法的な保護以上に、こうした効果を重視したいという場合には、厳格な秘密管理が情報の利用促進の妨げとならないように、柔軟な運用が求められることになるでしょう。

知的財産によって資金調達ができるのか？

　不動産を保有していれば、担保に提供して融資を受けることや、証券化することによって資金を調達できる場合があります。知的財産についても同様に、資金調達に活用する方法があるのでしょうか。

　なお、担保の設定や証券化を行うためには、その知的財産を支配できる権利を有していることが必要です。そのため、資金調達に活用される知的財産は、特許権や著作権などの知的財産権によって保護されたものであることが前提になります。

● 知的財産権を担保にした融資

　特許権や著作権などの知的財産権は、質権や譲渡担保権を設定することによって、担保の対象にすることが可能です。手続的には、特許権など産業財産権への担保権の設定は登録が効力要件となるため、当事者間の契約だけでなく特許庁への登録が必要であることに留意が必要です。

　知的財産権を担保にした融資へのニーズが特に強いと考えられるのが、不動産などの物的資産の蓄積に乏しいものの、積極的な研究開発や創作活動によって特許権や著作権を保有している中小・ベンチャー企業です。わが国で初めて知的財産権を担保にした融資に積極的に取り組んだのは、1995年に日本開発銀行（現在の株式会社日本政策投資銀行）でスタートしたベンチャー企業向けの融資でした。政府系の同行ではその後も取組みが続けられたものの、金融不安の拡大や不良債権問題の深刻化もあって、その動きが民間金融機関へ本格的に広がるには至りませんでした。

　その後、知的財産権を担保にした融資が再び注目されるきっかけとなったのが、地域金融機関を対象に2003年以降に進めら

れたリレーションシップバンキングのアクションプログラムです。地域金融機関の中小企業向け融資強化策の1つとして知的財産権担保にも言及され、いくつかの地域金融機関での融資実績が公表されました。

しかし、その動きも本格化することはなく、知的財産権は担保としてほとんど活用されないまま現在に至っています。

●なぜ知的財産権を担保にした融資は広がらないのか

知的財産権を担保にした融資が広がらない原因として、よく指摘されるのが担保価値の評価がむずかしいという問題です。「知的財産の価値はどのように評価するのか？」のコラムで説明したように、知的財産の価値評価に定まった手法があるわけではなく、インカム・アプローチを中心に個別の事情を考慮して評価を行わなければいけません。

こうした評価にコストがかかることに加えて、知的財産権は流通市場が整備されていないので、処分が必要になったときに評価した価額で実際に処分できるかどうか疑問が残ります。また、特許権であれば、年金納付や存続期間の確認、利用発明に関する特許の追加担保徴求や無効審判を起こされた場合の対応など、担保管理も煩雑です。

金融機関からみると、一般に中小・ベンチャー企業への融資は大きなロットになりにくいので、手間やコストがかかる知的財産権を担保にした融資は、どうしても効率の悪い取組みになってしまいます。中小・ベンチャー企業側にはニーズがあるとしても、金融機関側の経済合理性を考えると、実績が伸びないのもやむをえないといわざるをえません。

●知的財産に関する情報を融資判断に活用する

そこで、中小企業側のニーズに応えるべく特許庁が力を入れ始めているのが、担保に提供することを前提にするのではなく、中小企業が知的財産に関する情報を開示することによっ

て、金融機関から融資を受けやすくしようという取組みです。具体的には、中小企業の知的財産を活用したビジネスを評価する「知財ビジネス評価書」を専門の調査機関が作成して、金融機関の融資判断に活用することを推進する「知財金融促進事業」が、2015年度からスタートしています。

　この事業では、金融機関には評価書が無償で提供されるので、融資判断に活用するだけでなく、評価書によって技術面の強みなどへの理解が深まり、中小企業との関係を強化するコミュニケーションツールとなることも期待されます。

　一方で、こうした評価書を民間ベースの事業として広げるには、担保の場合と同様に、評価書によって得られるメリットと作成に要するコストのバランスが課題になることが想定されます。コミュニケーションツールという用途に重点を置くならば、外部に評価を委託するのではなく、金融機関の内部で簡易な評価ができる仕組みを構築することも一案ではないでしょうか。

●知的財産の証券化

　もう1つ、知的財産を活かした資金調達手法として考えられるのが、知的財産の証券化です。

　不動産をはじめとする証券化ブームが本格化した2000年代前半、証券化の対象として知的財産にも注目が集まり、知的財産の証券化サービスに特化した企業も現れるようになりました。映画や音楽などのコンテンツが証券化されて、話題になったのもこの頃です。当時、証券化の対象となった知的財産権は、特許権ではなく映画や音楽などの著作権がほとんどでしたが、特許権は技術内容や権利の効力が及ぶ範囲が投資家には理解しにくいため、比較的わかりやすい映画や音楽が証券化の対象になりやすかったと考えられます。

　しかし、サブプライムローン問題の発生を契機に証券化ビジ

ネス自体が苦境に陥り、その後はほとんど知的財産の証券化の実績が報道されることもなく、現在に至っています。投資家の確保、流通市場の整備など課題が多く、普及を進めるのは容易ではありません。

第3章

工業デザインや営業標識を保護する知的財産制度

商品やサービスの競争力を高めるために、もはや技術だけを磨けばよいという時代ではなくなりました。多様化する顧客ニーズに応えるために、デザインやブランドの重要性がいっそう増していますが、これらも知的財産制度の保護対象になる知的財産です。

　工業デザインを保護する権利が意匠権、商品名やロゴマークなどの営業標識を保護する権利が商標権です。これらの権利を取得するほかに、不正競争防止法によってデザインや営業標識が保護されることもあります。

　新たに創作した工業デザインはどのような保護を受けることができるのか、商品名やロゴマークを独占的に使用するためにはどうすればよいのか、この章では関連する制度について解説します。

1 工業デザインを保護する意匠制度とは、どのような制度ですか

(1) 意匠権は工業デザインを保護する

デザインの創作はさまざまな分野で行われています。たとえば、絵画や彫刻のような美術品、建築物などの分野で創作されるデザインもあれば、自動車やパソコンのような工業製品について創作されるデザインもあります。前者のデザインが著作権法によって保護されるのに対して、意匠法によって保護されるのは、後者の工業デザインです（意匠法3条、図表3-1）。

産業財産権の1つである意匠権も、産業の発達を目的として認められる権利です（同法1条）。工業デザインの創作を促せ

図表3-1 意匠権で保護されるデザインとは

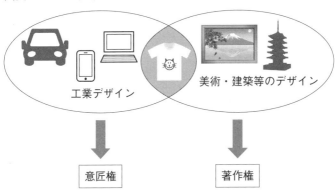

ば、優れたデザインが消費者の商品を購入したいという気持ちを刺激して、産業の活性化に結びつくことが期待できるからです。意匠制度とは、工業デザインを排他的に実施できる意匠権というインセンティブを与えることによって、デザインの創作活動を活性化して、産業の発達を図ることを目的に設けられている制度なのです。

ただし、工業製品のデザインは意匠権だけによって保護されるわけではなく、Tシャツや文房具に描かれたキャラクターの図柄などは、著作権によって保護される場合もあります。

(2) 意匠と物品で権利の効力が及ぶ範囲が決まる

意匠権は工業デザインを保護する権利なので、形状や模様などが特定された意匠(デザイン)について、物品を指定して意匠登録出願を行います(意匠法6条)。意匠権が成立すると、その効力は登録意匠の類似範囲にも及びますが(同法23条)、登録意匠の範囲は意匠と物品によって特定されるので(同法24条)、デザインが類似しているとしても、そのデザインが施された物品が類似しなければ意匠権の効力は及びません。

(3) 1つの製品が多面的に保護されることもある

意匠権の対象となるのは工業製品なので、創作したデザインの特徴が技術的な効果も生じさせることがあります。その特徴を発明や考案ととらえることによって、特許権や実用新案権を取得できる場合もあります。

図表3−2　デザインととらえるか、発明ととらえるか？

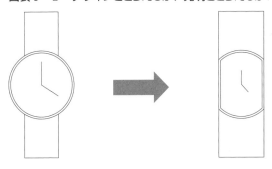

　たとえば、図表3−2に示したように、世の中に文字盤がベルトの幅より大きい腕時計しか存在していないという状況において、文字盤をベルト幅にカットした新しいデザインの腕時計を創作したとしましょう。デザインの新しさに注目すれば、意匠権によって保護されることになりますが、手首を曲げても文字盤が邪魔になりにくいという構造的な特徴に着目すると、特許権や実用新案権の対象になる可能性もあります。このようなケースでは、意匠権と特許権の両方を取得すれば、デザイン、構造の両面から保護を受けられることになります。

2 意匠登録を受けるための要件と、意匠登録出願から査定までの流れについて説明してください

(1) 登録対象は意匠法上の「意匠」

意匠登録の対象となるのは、意匠法上の「意匠」です。意匠法には、「意匠」とは「物品（物品の部分を含む）の形状、模様若しくは色彩又はこれらの結合であって、視覚を通じて美感を起こさせるもの」と定義されています（意匠法2条1項）。市場で流通する動産がここでいう「物品」に該当し、動産ではない不動産や、コンピュータ画面上のアイコンなどは、意匠登録の対象になりません。

物品全体のデザインだけでなく、物品のデザインの一部についても、部分意匠として登録を受けることが可能です。

(2) 工業上利用することができること

意匠登録を受けるためには、「工業上利用することができる」意匠であること、すなわち、工業的な生産方法によって量産できる意匠であることが必要とされます（意匠法3条1項）。したがって、一品ずつ生産される工芸品、観葉植物や自然石をそのまま利用した置物などは、工業的に量産することができないので、意匠登録を受けることができません。一方、組立式の本棚のように家庭で組み立てられるものであっても、組立セッ

トの一式が工業的に量産されるものであれば、この要件に該当することになります。

(3) 新規性があること

新規性の要件（意匠法3条1項）に関する考え方は、特許法の新規性の要件と共通する部分が多く、すでに世の中に公開されているデザインは新規性がないものとして意匠登録を受けることができません。ただし、意匠の対象となる工業デザインは、展示会などでの反応をみながらデザインを決定することが少なくないため、特許法と同様に、公表後6カ月以内の出願や所定の書面の提出といった手続を行えば、新規性を失っていないものと扱われる例外規定が設けられています（意匠法4条）。

(4) 容易に創作できたものでないこと（創作非容易性）

新規性のある意匠であっても、よく知られたデザインから容易に創作することができるものは、意匠登録を受けることができません（意匠法3条2項）。たとえば、よく知られた自動車のデザインを転用しただけの自動車のおもちゃの意匠は、公知のデザインから容易に創作できるという理由で意匠登録を受けることができません。

(5) 先願であること

同一の意匠や類似する意匠について2以上の出願がされた場

合には、先に意匠を創作した者ではなく、先に出願した者が意匠登録を受けることができます（意匠法9条1項）。意匠登録を受けたい場合は、できるだけ早く出願することが必要です。

ここまで説明した要件のほか、公序良俗を害するおそれがある意匠などの不登録事由に該当しないか（同法5条）、1つの出願に複数の意匠が含まれていないか（同法7条）といった要件についても審査が行われます。

(6) 意匠登録出願とその審査

意匠登録を受けたい場合は、願書に意匠の図面を添付して、特許庁に意匠登録出願を行います（意匠法6条）。図面にかえて写真や見本などを提出することができる場合もあります。

意匠登録出願は特許庁の審査官によって審査されますが（同法16条）、特許出願のように審査請求を行う必要はなく、すべての出願が審査の対象になります。審査から査定や登録まで、査定に対する不服申立ての方法は、特許法とほぼ共通していますが（図表3－3、第2章－7、8参照）、出願公開制度は設けられておらず、意匠登録の後に意匠公報が発行されて、出願した意匠がはじめて公開されることになります（同法20条3項）。また、登録日から3年を限度に意匠の公開を遅らせることができる秘密意匠制度が設けられていること（同法14条）も、特許法にはない意匠法に固有の制度です。

図表3－3　意匠登録出願から査定までのフロー

```
意匠登録出願
    ↓
  審　査 ←──────────────┐
    ↓              拒絶理由通知書
    │                  ↓
    │              意見書・補正書
    │                  ↓
    │               拒絶査定
    ↓                  ↓
 登録査定         拒絶査定不服審判請求
    │                  ↓
    │                審　理
    ↓              ↓        ↓
(登録料納付)     登録審決   拒絶審決
 設定登録  ←──────┘          ↓
    ↓                     知財高裁へ
 意匠公報発行 ……秘密意匠制度あり
              （登録日から3年以内）
```

(7) 外国での意匠権の取得

　特許権について第2章で説明したとおり、外国で知的財産の保護を受けたければ、それぞれの国で有効な権利を取得することが必要で、意匠権についても同様です。

　日本で意匠登録出願をした意匠について外国でも意匠登録出願をする場合、出願する国がパリ条約の同盟国であれば、パリ条約に基づく優先権を主張して各国に出願することができます

(パリ条約4条)。優先権を主張して出願すれば、新規性などの要件は日本の出願日を基準に判断されることになりますが、日本の出願日から6カ月以内に外国に出願しなければいけません。

　また、日本は2015年に意匠の国際登録に関するハーグ協定のジュネーブ改正協定に加入したため、意匠の国際登録制度を利用することが可能になりました。この制度は、一の国際出願手続によって国際登録を受ければ、複数の締約国で保護を受けることができるというものです。実質的な審査は保護を受ける各国で行われますが、出願手続や権利の管理を一括して行えるため、外国で意匠権を取得する際の有力な選択肢となることが期待されます。

3 意匠権を取得しなければ、工業デザインを模倣されても保護を受けることはできないのですか

(1) 意匠権によって登録意匠が保護される

　意匠登録出願について審査で登録要件を満たすことが確認され、登録査定を受けると、所定の登録料を納付することによって設定登録されて、意匠権が発生します（意匠法20条）。意匠権の存続期間は最長で登録日から20年で（同法21条）、意匠権が存続している間は登録意匠を排他的に実施することができます（同法23条）。20年の存続期間は、出願日から起算する特許権とは異なり、設定登録の日が基準になります。

　意匠権の効力は、同一の意匠だけでなく、登録商標と類似する意匠にも及びます（同法23条）。登録意匠の範囲は、願書に記載された物品と、図面などによって表された意匠（デザイン）によって定められます（同法24条1項）。そのため、登録意匠と類似する範囲は、物品が類似してデザインが同一の場合、物品が同一でデザインが類似する場合、物品が類似してデザインも類似する場合の3つのパターンに分類されることになります。

　どのような場合に意匠が類似すると判断するかについて、意匠法には需要者の視覚を通じた美感を基準に判断すると規定されています（同法24条2項）。

(2) 不正競争防止法によっても保護される商品のデザイン

　商品のデザインが模倣されることを防止するためには、排他的な権利である意匠権を取得することが効果的ですが、意匠登録を受けていなくても、不正競争防止法によって他人の模倣行為に対抗できる場合があります（図表3－4）。

　1つ目は、周知表示混同惹起行為に該当する場合で（不正競争防止法2条1項1号）、周知な商品等表示を他人が使用することによって混同が生じていると判断されれば、その行為について差止めや損害賠償を請求することができます。商品の容器などが商品等表示に該当することもあるため、商品の容器などに関する意匠が周知となっていれば、意匠登録を受けていない意匠や意匠権の存続期間が経過した意匠についても、この規定によって保護を受けられる場合があります。

　2つ目は、著名表示冒用行為に該当する場合で（同法2条1項2号）、著名な商品等表示を他人が使用していれば、その行為について差止めや損害賠償を請求することができます。周知表示混同惹起行為に比べて、周知性よりレベルが高い著名性が要求される一方で、混同が生じていなくても保護を受けられるという違いがあります。

(3) 不正競争防止法のデッドコピー対策の規定

　3つ目は、いわゆるデッドコピーに該当する形態模倣行為で

（不正競争防止法2条1項3号）、商品形態をそっくりまねた商品を他人が販売していれば、その行為について差止めや損害賠償を請求することができます。商品のデザインが広く対象に含まれ、周知性や混同が生じていることも要件とされませんが、商品が最初に販売された日から3年を経過すると、この規定の適用を受けることができません。また、模倣したのではなく、偶然似たデザインを他人が独自に創作した場合には、この規定によって保護を受けることはできません。デザインが実質的に同じであることが必要で、類似しているだけでは保護されないという限界もあります。ライフサイクルの短い製品の模倣品対策に適した規定ですが、保護を万全にしておきたい場合は意匠登録を受けておくことが望ましいでしょう。

図表3－4　工業デザインの保護要件

	意匠権	周知表示混同惹起行為	著名表示冒用行為	形態模倣行為
根拠	意匠法	不競法2条1項1号	不競法2条1項2号	不競法2条1項3号
対象	意匠	商品等表示	商品等表示	商品形態
登録	必要	不要	不要	不要
周知著名性	不要	周知	著名	不要
混同	不要	必要	不要	不要
期間	登録から20年	制限なし	制限なし	最初の販売日から3年

4 商標制度とその保護対象について説明してください

(1) 商標とはどのようなものか

　商標とは、自らが提供する商品やサービスを、他人の商品や役務（サービス）と識別するために使用される識別標識のことです。具体的には、図表3－5に例示したように、文字、図形、立体的形状などさまざまな形状の商標が存在しています。

　商品やサービスを選ぶ際に、顧客はこうした商標をみて、どの企業が提供するどういった商品であるかを見分けています。これが繰り返されるうちに、商標には「この商標が付された商品なら購入して間違いないだろう」という信用が蓄積されていくことになります。こうして業務上の信用が蓄積された商標をだれもが自由に使える状態だと、顧客は商標によって商品や役務を識別することができなくなり、買いたくもなかった企業の商品を誤って購入してしまうかもしれません。そこで、一定の要件を満たす商標には、商標を独占排他的に使用できる権利である商標権を付与することによって、商標の識別標識としての機能を保証し、商標に蓄積された業務上の信用を保護しているのが商標制度です。

　なお、商標権の対象となる商標は、従来は図表3－5に例示した文字、図形、立体的商標などに限られてきましたが、2015

図表3-5　登録商標の例(1)

（出典）　特許情報プラットフォーム商標出願・登録情報の検索結果から転載

年4月から、音商標、色彩のみからなる商標、動き商標、ホログラム商標、位置商標も、保護対象に加えられることになりました。受付初日には500件弱の出願があり、特に音商標（外国の登録例ではインテルや久光製薬のサウンドロゴがよく知られています）や、色彩のみからなる商標（外国の登録例ではいわゆるティファニーブルーが有名ですが、どの企業のカラーであるか多くの人に認知されているものしか登録されません）が注目されています。

(2) 商標と商号はどのように違うのか

商標と混同されていることが多いのが、会社名などの商号です。会社を設立すると会社名の商号登記を行いますが、商号登記は、会社名を商品や役務の識別標識として使用する権利を保証

するものではありません。図表3－5の例であれば、「SONY」や「SUNTORY」のように、会社名の一部からなる商標を商品や広告に使用するのであれば、識別標識として使用する権利を確保するために商標登録が必要になります。逆に、会社名を商品や役務の識別標識として使用しないのであれば、必ずしも商標登録を行わなくてもよいことになります。

(3) どのような商標の登録が必要か

商標というと、自動車であれば「PRIUS」「VITZ」のような商品名がイメージされやすいのではないでしょうか。

商品や役務に固有の名称やマークについて、商標登録を行うのが望ましいのはもちろんですが、商標登録の対象となるのはこうした商品や役務の名称だけではありません。図表3－6に示した自動車の商標の例であれば、下段に示した名称の自動車は、いずれもトヨタ自動車が提供する商品であり、「TOYOTA」という共通のブランドで製造販売されています。このように特

図表3－6　登録商標の例(2)

TOYOTA

PRIUS　　AQUA　　VITZ

（出典）　特許情報プラットフォーム商標出願・登録情報の検索結果から転載

定の商品や役務の名称ではないものの、企業の統一的なブランドとして使用される商標は、ハウスマークと呼ばれています。ハウスマークは、まさに自社の商品や役務を他人の商品や役務と識別する標識として使用されるものであるため、商標登録を受けておくことが必要です。

5 商標登録を受けるためには、どのような要件を満たすことが必要ですか

(1) 登録主義と使用主義

　商標の保護には、商標登録を受けた者が保護されるという考え方（登録主義）と、商標を先に使用した者が保護されるという考え方（使用主義）があります。日本の商標制度は登録主義に基づくものであり、保護を受けたい商標は、特許庁に出願して商標登録を受けることが必要になります。

　特許庁では、次のような要件について審査が行われ、登録要件を満たしていることが確認されると、商標登録を受けることが可能になります（商標法16条）。

(2) 識別力を有する商標であること

　商標登録を受けるためには、自己の商品や役務と他人の商品や役務を識別できる商標であること（識別力があること）が必要とされています。具体的には、商品の普通名称（たとえば、被服という商品について「Tシャツ」）や慣用商標（たとえば、日本酒という商品について「正宗」）は、その商標だけをみても商品の提供者を識別することができないので、商標登録を受けることができません。商品や役務の品質などを表示するにすぎない商標（たとえば、薬剤という商品について「よく効く薬」）、あ

りふれた氏や名称のみからなる商標、きわめて簡単でありふれた商標についても、識別力がないという理由で商標登録を受けることができません（商標法3条1項各号）。

ただし、普通名称や品質表示に該当するものであっても、そういった名称を普通に用いられる方法で表示するのではなく、特殊なデザインを施したり、識別力のある他の文字や図形と組み合わせたりすることによって、商標全体として識別力があると判断されれば、商標登録を受けられることがあります。たとえば、明治乳業などが販売する「おいしい牛乳」という商品の名称は、「おいしい牛乳」だけでは商品の品質を表示するにすぎないとして商標登録を受けられないと考えられ、「明治」や「明治乳業」の文字を付した商標が登録されています。

(3) 登録を受けられない要件に該当しないこと

識別力を有する商標であっても、公益的、あるいは私益的な理由から、登録を受けることができない場合があります（商標法4条1項各号）。

たとえば、国旗や国際機関の名称、公序良俗を害するおそれのある商標は、公益的な理由から登録が認められません。

出願した商標の指定商品・指定役務と同一または類似の商品・役務を指定した同一または類似の他人の登録商標が存在する場合も、登録を受けることができません。わかりやすくいえば、指定商品・指定役務が重なる範囲では、よく似た商標であれば先に登録を受けたものが優先することになります。

他人の業務に係る商品・役務と混同を生じるおそれがある商標についても、登録を受けることができません。かつて、阪神球団と関係のない個人が有していた「阪神優勝」の文字を含む登録商標が無効になった事件がありましたが、この商標は阪神球団となんらかの関係があるものであることを連想させ、出所の混同を生じさせるおそれがあるとして、この規定に違反していることを理由に、商標登録は無効と判断されました。

　商品の品質等を誤認するおそれがある商標についても、登録を受けられないと定められています。たとえば、「茶」を商品に指定して「コーヒー」という商標を出願すると、この商標をみた消費者が茶をコーヒーと間違って購入してしまうおそれがあるため、品質が誤認されることを理由に登録を受けることはできません。

(4) その他の登録要件

　そのほかに、商標登録を受けるためには、自己の業務に係る商品・役務に使用する商標であること（商標法3条1項）、商品・役務の指定が正しくされていること（同法6条1項、2項）などの要件を満たしていることが必要です。前者の要件については、1つの商品・役務の区分に一定の制限を超える商品・役務を指定して出願すると、自己の業務に使用する意思に疑いがあるという拒絶理由が通知されるため、指定商品・指定役務を削除せずに登録を受けたい場合は、使用証拠や使用意思を証明する書類を提出することが必要になります。

(5) 地域ブランドを保護する制度

　先に説明したとおり、識別力のない商標は原則として登録を受けられないため、地域名に商品や役務の普通名称を組み合わせただけの商標は、登録を受けられないのが原則です。ところが、地域ブランド振興の観点からこうした商標の登録を認めるのが望ましい場合もあり、事業協同組合や商工会などの地域に根ざした団体が出願すれば、一定の要件のもとで登録を受けられる地域団体商標制度が設けられています（商標法7条の2）。これまでに、「博多人形」「沖縄そば」「熱海温泉」など500件以上が登録されていますが（2015年3月現在）、「喜多方ラーメン」のように、地域の団体以外にも広く使用されていることを理由に登録が認められなかった例もあります。

　また、商標法による保護とは別に、2015年6月に地理的表示法が施行され、特定の産地と結びついた農林水産物の地理的表示について生産者団体が登録を受けると、フリーライドなどの不正使用を国（農林水産省）が取り締まる地理的表示保護制度がスタートしました。

6 商標登録出願から査定までの流れについて説明してください

(1) 商品・役務を指定して商標登録出願を行う

商標登録を受けるためには、登録を受けたい商標について、商品・役務を指定して商標登録出願を行います（商標法5条）。商品・役務の指定は、商標の使用状況や将来の使用計画を考慮して決定しますが、指定商品・指定役務の類似範囲に類似する商標が登録されていないか審査されるので、事前にその範囲を対象に先登録の有無を調査して、登録可能性を検討しておくことが必要です。

(2) 拒絶理由通知とその対応策

商標登録出願の審査は、次のように行われます（図表3－7）。

特許出願のように審査請求を行う必要はなく、すべての出願が審査の対象になります。審査において登録要件に該当しないと認められると、出願人に拒絶理由が通知されます（商標法15条の2）。これに対して、出願人には意見を述べる機会が与えられ、登録要件を満たすと考える理由について意見書を提出して説明することができます。

また、拒絶理由通知で指摘された商標登録を受けられない理由を解消するために、補正書を提出して指定商品・指定役務を

図表3-7　商標登録出願〜登録までのフロー

```
商標登録出願 ──────→ 出願公開 → 公開商標公報
    ↓
  審　査 ←─────────────┐
    ↓                  │
    │              拒絶理由通知書
    │            ↙           ↓
    │      意見書・補正書      │
    ↓            ↓           ↓
登録査定        拒絶査定
                ↓
            拒絶査定不服審判請求
                ↓
              審　理
            ↙       ↘
        登録審決     拒絶審決
    ↓       ↓           ↓
（登録料納付）           知財高裁へ
 設定登録 ←──────────┘
    ↓
商標公報発行
```

補正することができます。たとえば、指定商品の一部が類似する範囲に、類似する他人の商標が登録されているという拒絶理由通知を受けた場合には、その一部の指定商品を削除する補正を行うことによって、登録を受けることが可能です。ただし、指定商品・指定役務を追加する補正や、商標自体を変更する補正は認められません。

そのほか、指定商品・指定役務の一部を新たな出願として分割することも可能です（同法10条）。出願の分割は、拒絶理由通知を受けた際に、もとの出願は拒絶の対象となっていない指

定商品・指定役務に絞ってすみやかに登録を受ける一方で、拒絶理由の対象となっている商品・役務を指定した出願を分割して、登録可能性を争うために利用されることが一般的です。

(3) 登録査定と拒絶査定

審査で拒絶の理由が発見されなければ（意見書や補正によって拒絶理由が解消された場合も含む）、登録査定が行われます（商標法16条）。登録査定を受け、査定の謄本受領から30日以内に所定の登録料を納付すると、設定登録が行われて商標権が発生します（同法18条）。登録料は商標権の存続期間である10年分を納付しますが、5年分を前後期に分けて納付することも可能です（同法40条、41条の2）。

意見書の提出などによっても拒絶の理由が解消されないと判断されれば、拒絶査定となって審査が終了します（同法15条）。

(4) 拒絶査定に不服がある場合

特許法と同様に、拒絶査定に不服がある場合には、拒絶査定の謄本送達から3カ月以内に拒絶査定不服審判を請求することができます（商標法44条）。拒絶査定不服審判の審理の結果、登録要件を満たすと判断されれば登録審決が、拒絶の理由を覆すことができないと判断されれば拒絶審決がされます。拒絶審決に不服があれば裁判所に出訴できることも、特許法と同様です。

(5) 外国での商標権の取得

日本の商標権の効力が及ぶのは日本国内に限られるので、外国でも保護を受けたい場合には、それぞれの国の制度にのっとった対応を行うことが必要です。

日本で商標登録出願をした商標について外国でも商標登録出願をする場合、出願する国がパリ条約の同盟国であれば、パリ条約に基づく優先権を主張して各国に出願することが可能です（パリ条約4条）。優先権を主張する場合は、日本の出願日から6カ月以内の外国への出願が必要です。優先権を主張して出願すると、先後願などの判断が日本の出願日を基準に行われることになりますが、商標法には特許法や意匠法のような新規性に関する要件は存在しないので、優先権の必要性は比較的生じにくいといえるでしょう。

(6) 商標の国際登録制度

外国でも商標を登録する際に利用されることが多いのが、複数の国で商標権の取得や管理を行う負担を軽減するために設けられた、標章の国際登録に関するマドリッド協定の議定書（マドリッド・プロトコル）による国際登録制度です。この制度は、特許協力条約（PCT）に基づく国際出願制度のように出願手続を統一するだけでなく、本国官庁への手続によって、国際登録を受けることができる制度となっています。

マドリット・プロトコルによって国際登録を受けるには、本

国官庁で商標登録か商標登録出願が行われていることが前提になります。本国の商標登録や商標登録出願を基礎として、本国官庁に保護を受けたい国を指定した国際出願の願書を提出すると、世界知的所有権機関（WIPO）の国際事務局での方式審査を経て、国際登録が行われます。国際出願に指定された国の官庁には、国際事務局から国際登録が行われたことが通報され、通報を受けた官庁が国際登録された商標をその国では保護できないと判断すると、所定の期間内に国際事務局に拒絶の通報を行います。期間内に拒絶の通報が行われなければ、その指定国で国際登録日から商標登録が行われたものとして保護を受けることができます（図表3－8参照）。このように、拒絶の通報が行われなければ、出願人は本国官庁への手続のみで外国での保護を受けることが可能な制度となっています。

ただし、国際登録日から5年以内に、本国の商標登録出願が

図表3－8　マドリッド・プロトコルに基づく国際登録

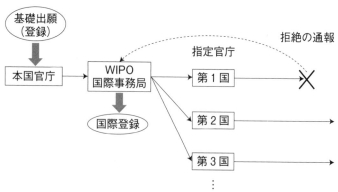

拒絶された場合、あるいは商標登録が無効や取消しとされた場合には、国際登録も取り消されることになります。

7 商標権を取得することによって、どのような行為を禁止することができますか

(1) 更新登録によって半永久的に存続可能

商標制度は、創作活動を促すことによって産業の発達を図る特許制度や意匠制度とは異なり、業務上の信用や需要者の利益の保護を目的とする制度です。そのため、信用が蓄積された商標は保護を継続することが必要であり、商標権の存続期間を一律に制限すべきではありません。

そこで、商標権の存続期間を設定登録から10年間と定める一方で（商標法19条）、更新登録を申請すれば10年間の更新を繰り返し行えることとして（同法20条）、商標権の半永久的な存続が可能な制度となっています。

(2) 指定商品・指定役務と商標権の効力が及ぶ範囲

商標権者には、指定商品・指定役務について、登録商標を独占排他的に使用する権利が認められています（商標法25条）。逆にいえば、商標登録を行っても、指定商品・指定役務に指定していない範囲では、登録商標を独占排他的に使用することはできません。たとえば、「ASAHI」の文字からなる商標は、指定商品「印刷物」（新聞や雑誌が含まれます）については朝日新聞社が、指定商品「ビール」についてはアサヒグループホール

図表3－9　指定商品が異なる登録商標の例

商標出願公告　昭57-81935
公　告　昭57(1982)12月22日
商　願　昭56—15263
出　願　昭56(1981)3月3日
連合商標　162376,449393,449409,452746,452747
　　　　　452748,538265,538268,538269,654094
　　　　　654095,654096,654097,654098,679194
　　　　　679195,982886,1077694,1077695
　　　　　1140686,1140687,1140688,1253870
　　　　　1270712,1288412,1288413,1375216
　　　　　1492317,1510289
連合商願　昭53—10282　昭54—27733
　　　　　昭55—20355,54264　昭56-15261
　　　　　15262
出願人　　株式会社　朝日新聞社
　　　　　大阪市北区中之島3丁目2番4号
代理人　　弁理士　豊田　善雄
指定商品　26　印刷物、その他本類に属する商品
　（但し、この商標を表題とする特定の著作物を
　　除く）

ASAHI

商標出願公告　昭62-85020
公　告　昭62(1987)11月13日
商　願　昭60—121296
出　願　昭60(1985)12月4日
連合商標　101661,678872,1488590,1831787
　　　　　1831797
出願人　　朝日麦酒株式会社
　　　　　東京都中央区京橋3丁目7番1号
審査官　　為谷　博
指定商品　28　ビール、洋酒、果実酒、中国酒

Asahi

（出典）　商標公報より転載

ディングス（公報発行時は朝日麦酒）がそれぞれ商標権を有しています（図表3-9）。指定商品・指定役務が異なると、同じ文字からなる商標でも他人に商標登録が認められることがあるため、商標登録を行う際には商品や役務をどのように指定するか、十分に検討することが求められます。

(3) 類似する商標の使用を禁止することもできる

商標権を取得すると、指定商品・指定役務の範囲では、同一の商標だけでなく登録商標に類似する商標も、さらに指定商品・指定役務に類似する商品・役務の範囲でも、同一または類似の商標について、他人の使用を禁止することが可能になります（商標法37条）。

商標が類似するかどうかは、取引の実情を考慮しながら、外観、称呼、観念を基準にして総合的に判断されます。商標の類似は出願の審査でも問題になりますが、一般的には、審査においては称呼（発音が似ているか）などの形式的な要素が重視される一方、裁判で争いになると取引の実情（実際に混同が生じているか等）が考慮されやすくなる傾向にあるようです。

(4) 商標としての使用でなければ使用を禁止できない

商標権の侵害を判断する際に問題になりやすいのが、相手方の使用が「商標として」の使用に該当するか、という点です。

商標とは、自らの商品や役務を他人の商品や役務と識別する識別標識として使用するものです。単に説明文に他人の登録商

標と同じ文字を記載しても、「商標として」使用することにはなりません。郵便物の封筒に差出人として記載した社名に、他人の登録商標と同じ文字が含まれていたとしても、「商標として」の使用には当たりません。商標権の効力が及ぶのは商標としての使用に限られるので、商標権を取得したからといって、他人がその文字や言葉を使用することをすべて禁止できるわけではないことに留意が必要です。

　音商標の登録が可能となったことを受けて、芸人の一発芸が登録されると、他の芸人がそのネタを使えなくなるといった懸念が一部で報道されました。しかし、音商標についても考え方は同じです。一発芸のフレーズを商標登録できる可能性はありますが、商標登録によって、指定商品・指定役務とは関係なく単にそのフレーズをまねることまで禁止されるものではありません。

8 商標登録を受けた後は、どのような点に留意した管理が必要ですか

(1) 登録商標が取消しや無効になることがある

商標登録を受けた後に、他人からの請求によって登録商標が取消しや、無効になる場合があります。

商標登録がされると、登録された商標の内容を記載した商標公報が発行されますが（商標法18条3項）、商標公報発行から2カ月以内であれば登録に異議を申し立てることができます（同法43条の2）。登録異議の申立ては過誤登録を防止することを目的とする制度なので、申立ての理由は審査の対象となる登録要件とほぼ共通しており、利害関係の有無にかかわらずだれでも申し立てることが可能です。

また、商標登録を無効にすることを請求する、商標登録の無効審判の制度も設けられています（同法46条）。無効審判は異議申立期間の経過後であっても請求できる一方、請求を行えるのは利害関係人に限られています。つまり、無効審判とは、商標権侵害などの紛争が生じた際に、当事者間で商標登録の有効性を争う手段として利用されることを想定して設けられている制度なのです。

無効審判を請求する理由は、登録要件や異議申立ての理由とほぼ共通していますが、請求期間が登録日から5年以内に制限

されているものがあることに留意が必要です（同法47条）。公序良俗に違反するなどの公益的な理由に期間の制限はありませんが、識別力に欠ける、他人の登録商標に類似するといった理由については、一定期間登録されている事実を尊重して、登録から5年を経過すると無効審判を請求することができません。

(2) 登録商標の使用

登録された商標も、その商標が使用されていない状態が続けば、商標制度において保護しようとする業務上の信用は蓄積されません。使用されていない商標が登録されたままだと、他人が商標を選択する余地を狭めてしまうことになるため、継続して3年以上使用されていない商標については、登録の取消しを請求できる不使用取消審判の制度が設けられています（商標法50条）。

不使用取消審判を請求されると、取消しを避けるためには、商標権者が登録商標を使用していることを証明する必要があります。登録商標を使用しているつもりでも、登録されている商標に対して文字やデザインの一部を変更して使用しているようなケースでは、登録商標が不使用であると判断されて取り消されてしまうことがあります。また、登録商標を使用している場合でも、使用していない指定商品や指定役務があれば、それらの指定商品・指定役務に関する権利は取消しの対象になることがあります。

せっかく取得した登録商標が取り消されてしまわないように

するためには、登録商標の使用状況について、定期的に確認を行っておくことが求められます。登録商標はできるだけ登録されたままの形態で、必要な指定商品や指定役務について継続的に使用することが望ましいといえます。

(3) 普通名称化の防止

登録商標が広く知られるようになると、特定の事業者の登録商標であるはずのものが、指定された商品や役務の代名詞のように使われるようになることがあります。こうした状況を登録商標の普通名称化と呼びますが、商品や役務の普通名称を普通に用いられる方法で表示する行為には、商標権の効力が及ばないという規定があります（商標法26条1項）。つまり、商標権の独占排他的な効力が制限されるおそれが生じるため、登録商標が普通名称化する事態は避けなければいけません。

商品などに使用されている商標に、Ⓡマークが付されていたり、「×××は……社の登録商標です」と注記されていたりするのを見かけたことがないでしょうか。こうした記載は、登録商標が無断で使用されないようにけん制することに加え、登録商標であることを明示して、普通名称化を防止することも考慮して行われているものです。

(4) 更新登録申請や登録料納付の期限管理

本章－7でも説明したとおり、更新登録の申請を行うことによって、商標権の存続期間を更新することができます（商標法

19条2項)。10年の存続期間経過後も登録商標の使用を継続したい場合は、所定の期間内に更新登録を申請することが必要です。また、登録査定を受けた後に、登録料を分割で納付している場合は、登録から5年が経過するまでに後半5年分の登録料を納付することが必要です（同法41条の2）。

10年（登録料を分割納付した場合は5年）という期間は長いので失念してしまいやすいですが、商標登録を受ければ永遠にその権利が続くというわけではありません。申請や納付の期限を徒過して商標権が消滅してしまうことがないように、登録後の期限管理には十分な留意が必要です。

(5) 登録後の業務範囲の拡大にも留意

商標権は、登録商標を指定商品・指定役務に独占排他的に使用することができる権利です。出願時には自社の業務内容を十分に考慮して指定商品・指定役務を決定しているはずですが、登録を受けた後に、買収や新規事業の立上げによって、業務範囲が拡大することが少なくありません。

こうした場合に、登録商標が指定商品・指定役務に関する事業のみで使用するものなら問題ありませんが、ハウスマークのように企業のブランドとして使用するものであれば、指定商品・指定役務でカバーされない事業領域が生じてしまうおそれがあります。商標登録を受けた後は、更新登録申請などの期限管理だけでなく、業務範囲との関係で指定商品・指定役務に不足が生じていないかにも留意が必要です。

9 商標権を侵害していると警告を受けたら、どのように対応すべきですか

(1) 警告書の有効性を確認する

商標権を侵害しているとして警告を受けたら、どのように対応すればよいのでしょうか。特許権を侵害していると警告を受けた場合については第2章-14で説明しましたが、商標権についても同様に、慌てることなく順を追って対応策を検討することが求められます（図表3-10）。

初めに行うべきことは、警告書が有効なものであるかの確認です。侵害しているとされる商標権は、現在も有効に存続しているのか（存続期間経過後の更新登録申請の失念や後半5年分の登

図表3-10　商標権侵害の警告への対応策の検討

```
① 有効な警告か？
    ↓
② 商標が同一または類似？
③ 同一または類似の指定商品・指定役務に使用しているか？
④ 商標として使用しているか？
    ↓
⑤ 先使用かつ周知でなかったか？
⑥ 商標権を無効にできないか、不使用で取り消せないか？
    ↓
        ⑦ ライセンスを受ける
        ⑧ 商標を変更する
```

録料の未納で消滅しているということはないのか)。警告者は、現在の商標権者か専用使用権者なのか(商標権や専用使用権が設定登録後に譲渡されていることはないのか)。これらの事項を、特許庁の登録原簿で確認します。商標公報が発行された後に、商標権が譲渡されたり、登録料が納付されずに失効していたりする可能性もあるので、最新の登録原簿で確認することが必要です。

(2) 商標権の効力が及ぶ範囲での使用に該当するか

有効な警告である場合は、侵害であると指摘された使用行為が、相手方の商標権の効力が及ぶ範囲での使用に該当するかを検討します。登録商標と同一、または類似する商標を使用しているか。登録商標の指定商品・指定役務と、同一の商品・役務、または類似する商品・役務に使用しているか。使用している商標が類似していても、使用している商品や役務が指定商品・指定役務と類似する範囲になければ、商標権の排他的な効力は及びません。

また、警告を受けた使用行為が「商標として」の使用に該当するかも、検討が必要なポイントです。たとえば文字商標であれば、その文字を使用したからといって、直ちに商標権を侵害することにはなりません。本章－7で説明したとおり、商標権の効力が及ぶのは、商標を商品や役務の識別標識として使用する場合に限られます。使用している文字やマークが識別標識として機能しているかどうか、この点を十分に検討すれば、商標

権の侵害には当たらないと主張できるケースもあります。

(3) 侵害しないと主張する根拠はないか

相手方の商標権の効力が及ぶ範囲で商標を使用していると判断せざるをえない場合は、さらに商標権を侵害しないと主張できる根拠がないかを検討します。

その1つが、先使用による商標の使用をする権利です（商標法32条）。警告の対象となっている商標が出願される前（登録時ではなく出願時が基準になります）から商標を使用し、その時点で商標が周知となっていれば、先使用であることを根拠にして、商標の使用をする権利が認められます。特許法では使用または使用の準備をしていれば先使用権が認められますが、商標法では出願時に周知となっていることが要件となるため、単に使用していればよいわけではないことに留意が必要です。

また、無効審判（同法46条）によって対象となる商標権を無効にできないかも検討してみましょう。不使用の状態で権利行使をすることは考えにくいので現実的にはむずかしいかもしれませんが、登録商標の使用状況を確認して、不使用取消審判（同法50条）を請求することも考えられます。

(4) 商標権侵害と判断せざるをえない場合

これまで説明した検討を進めても、商標権の侵害に該当することを否定できなければ、警告者との話合いによって解決を図るしかありません。具体的には、ライセンスを受けることや、

使用している商標を変更することが考えられますが、相手方が同業者であればライセンスを許諾するとは考えにくいので、商標を変更せざるをえないことが多くなるでしょう。

　ただし、商標の使用を中止せざるをえないとしても、商品の製造販売やサービスの提供自体を中止しなければならないわけではありません。商標の変更が事業にどの程度の影響を与えるかが、他人の商標権を侵害してしまった場合の実質的なダメージを決める要因になります。たとえば、広く一般消費者に認知されている商品名に関する商標や、多店舗展開を進める店舗名に使用する商標は、変更が必要になれば大きなダメージとなることは避けられないでしょう。商標権侵害の問題が生じないように、慎重な対策が必要な典型例といえます。

10 商標権を取得しなければ、商品名やロゴマークなどの営業標識を模倣されても保護を受けることはできないのですか

(1) 商標権によって登録商標が保護される

商標権を取得すると、登録商標を指定商品・指定役務の範囲において独占排他的に使用することが可能になります（商標法25条）。商標権の存続期間は登録日から10年と定められていますが（同法19条1項）、更新登録を繰り返せば半永久的に商標権を存続させることも可能です（同法19条2項）。

また、商標権は、登録商標を類似する指定商品・指定役務に使用する行為、登録商標と類似する商標を同一または類似する指定商品・指定役務に使用する行為を禁止する効力も有しています（同法37条）。ただし、登録商標を指定商品・指定役務に使用していない状態が続くと、不使用を理由に登録が取り消されるリスクが生じるため（同法50条）、保護を受けるには、登録商標を指定商品・指定役務に使用すべきであることに留意が必要です。

(2) 不正競争防止法によっても保護される営業標識

商品名やロゴマークなどの営業標識が模倣されることを防止するためには、独占排他的な権利である商標権を取得することが効果的ですが、意匠の場合と同様に、商標登録を受けていな

い商標でも、不正競争防止法によって他人の使用行為を中止させることができる場合があります（図表3－11）。

1つ目は、周知表示混同惹起行為に該当する場合で（不正競争防止法2条1項1号）、周知な商品等表示を他人が使用することによって混同が生じていると判断されれば、その行為について差止めや損害賠償を請求することができます。商品名やロゴマークなどの商標は商品等表示に該当するため、商標が周知となっていれば、商標登録を受けていなくてもこの規定による保護を受けられる場合があります。ここで要求される周知性は、全国的なものではなく一地域における周知でも足りるとされています。

2つ目は、著名表示冒用行為に該当する場合で（同法2条1項2号）、著名な商品等表示を他人が使用していれば、その行

図表3－11　営業標識の保護要件

	商標権	周知表示 混同惹起行為	著名表示 冒用行為
根拠	商標法	不競法2条1項1号	不競法2条1項2号
対象	商標	商品等表示	商品等表示
登録	必要	不要	不要
周知著名性	不要	周知	著名
混同	不要	必要	不要
存続期間	登録から10年・更新可	制限なし	制限なし

為について差止めや損害賠償を請求することができます。周知表示混同惹起行為に比べ、周知性よりレベルが高い著名性（たとえば「シャネル」の営業表示が著名と判断された裁判例があります）が要求される一方で、混同が生じていなくても保護を受けられるという違いがあります。

知的財産に関する問題は、だれに相談すればよいのか？

知的財産に関する業務には、法律や手続に関する専門的な知識が求められます。大企業であれば、知的財産の専門部署を設けて対応していることが少なくありませんが、社内に専門人材がいない中小・ベンチャー企業などでは、知的財産に関する問題をだれに相談すればよいのでしょうか。

●**知的財産権に関する専門家である弁護士と弁理士**

知的財産権に関する専門家として、まず思い浮かぶのは弁護士と弁理士です。

弁護士は法律全般を扱う専門家ですが、知的財産権の侵害に関する争いや、ライセンス契約の締結などの相談にも対応しています。ただし、すべての弁護士が知的財産制度に詳しいわけではありません。たとえば、知的財産権に強い弁護士の全国規模のネットワークである「弁護士知財ネット」などを通じて、それぞれの分野にあった弁護士を探すとよいでしょう。

特許権などの産業財産権の出願代理を主な業務としているのが弁理士です。特許や意匠登録、商標登録の出願は、弁理士（特許事務所）に相談するのが一般的です。近年、弁理士登録者の数は急増しており、2013年には1万人を超えましたが、登録者の半数以上が東京都に集中、大阪府を加えると約70％となり（いずれのデータも出典は特許行政年次報告書2014年版）、地方での需要への対応が課題の1つとされています。地方に拠点を置く中小・ベンチャー企業は、次に説明する知財総合支援窓口などの公的機関を通じて、弁理士の紹介を受けるのも一案でしょう。

弁理士の担う業務範囲は、侵害訴訟の弁護士との共同代理や著作権に関する業務などにも拡大しており、産業財産権の出願

業務以外にも対応する弁理士が増加しています。知的財産に関する問題であることがわかれば、まずは弁理士を訪ねてみるとよいのではないでしょうか。

●各都道府県に設置されている知財総合支援窓口

知的財産に関する相談に対応できる公的な組織は、これまでも各地に設けられてきましたが、中小企業や個人がワンストップで相談できる窓口として、2011年に特許庁が各都道府県に知財総合支援窓口を設置しました。

知財総合支援窓口は、専門家である弁護士や弁理士と連携して知的財産権に関する相談に対応するほか、関係する支援機関と連携して海外も含めた事業展開への相談対応も行っています。中小企業にとっての大企業の知的財産部門に対応する役割を担うことを期待して、さまざまな機能強化が進められているところです。

●知的財産管理業務に関する検定試験

知的財産の管理業務にたずさわる人材の技能を検定する国家試験として、一般社団法人知的財産教育協会が知的財産管理技能検定を実施しています。検定試験は1～3級の3つの等級に区分されており、合格すれば「知的財産管理技能士」と称することができます。

知的財産管理技能士の数は6万人を超えており（2015年1月現在）、知的財産に関する知識レベルを把握するための指標として、認知度が高まってきました。中小・ベンチャー企業などで知的財産に関する業務を担当することになれば、一通りの基礎知識を身につけるためには、知的財産管理技能検定3級に合格することを目標に勉強することが効果的です。

第4章

創作的な表現を
保護する
知的財産制度

小説、音楽、絵画といった文化芸術分野の作品に加え、コンピュータプログラムなども含めた創作的な表現は、著作物として知的財産制度によって保護される知的財産です。こうした著作物を保護する権利が著作権で、文化の発展に寄与することを目的として認められる権利ですが、ソフトウェア産業やコンテンツ産業の発展に伴い、産業上の重要性も増すようになっています。

　著作権は出願、登録などの手続を要することなく、著作物の創作によって発生する権利で、同じ知的財産権でありながら、特許権などの産業財産権とはさまざまな面で違いがみられます。著作物が著作権によってどのように保護されるのか、この章では著作権法に定められた著作権制度について説明します。

1 著作権制度とはどのような制度か、著作権と特許権の相違点も含めて教えてください

(1) 文化の発展を目的とする著作権制度

著作権とは、小説や音楽などの著作物を排他的に利用することができる権利です。著作権は、特許権や商標権と同じ知的財産権に分類されるため、産業振興の目的で認められる権利というイメージをもたれやすいのではないでしょうか。

ところが著作権法を読むと、その目的について、公正な利用に留意しつつ著作者等の権利を保護することによって、「文化の発展に寄与することを目的とする」と明記されています（著作権法1条）。著作権制度の本来の目的は、産業の発達ではなく、文化の発展にあるのです。

(2) 産業的な色合いを強める著作権制度

その一方で、1985年の法改正では、コンピュータプログラムが著作物として保護対象に加えられ、コンピュータ関連の産業において、著作権が重要な意味をもつことになりました。また、「クールジャパン」と称されるように、わが国のアニメやゲームなどのコンテンツ産業が国際的に注目されるようになっていますが、これらのコンテンツも著作権によって保護されるものです。

このように、本来は文化的な目的から設けられた著作権制度ですが、近年は産業的な色合いも強まっています。

(3) 特許権と異なる著作権の特徴

第2章と第3章で説明した特許制度などの産業財産権に関する制度は、いずれも産業の発達を目的とするもので、文化の発展を目的に設けられた著作権制度は、立法目的を異にしています。そのため、著作権と特許権を比較してみると、権利の発生要件や権利の効力など、さまざまな面に違いがみられます。その主な相違点を整理することによって、著作権の特徴を明らかにしていくことにしましょう（図表4-1）。

保護対象については、特許権が技術的な「アイデア」を保護するのに対して、著作権によって保護されるのは著作物の「表

図表4-1　著作権と特許権の相違点

	著作権	特許権
立法目的	文化の発展	産業の発達
保護対象	著作物（表現）	発明（アイデア）
権利の発生	創作（無方式主義）	登録（方式主義）
効力	侵害となるのは原著作物に依拠した場合 （相対的独占権）	権利の存在を知らなくても侵害になる （絶対的独占権）
人格権	有	無
存続期間	原則として著作者の死後50年	原則として出願日から20年が最長

現」という違いがあります。著作権法が禁じているのは、著作物の表現をまねることであって、アイデアの盗用ではありません。つまり、他人の著作物のアイデアをそのまま採用しても、表現がまったく異なる著作物であれば、著作権を侵害することにはならないのです。やや抽象的な説明で理解しにくいかもしれませんが、章末のコラムでコンピュータプログラムの例について説明しているので、参考にしてみてください。

権利の発生要件にも違いがあります。特許権などの産業財産権は、特許庁に出願して設定登録されることによって権利が発生しますが（方式主義）、著作権は著作物の創作によって発生し（著作権法51条）、出願や登録料納付などの手続は必要ありません（無方式主義）。特許権のように、取得や維持に行政機関への手続を要することはありませんが、争いが生じた際に権利関係を明らかにするのに支障がないように、著作権の所在やライセンス条件などを定める契約関係には、十分な意識をもって取り組むことが求められます。

権利の効力にも大きな違いがあります。権利者や権利の内容が公示される特許権は、その存在を知らずに特許権を侵害した場合にも権利の効力が及ぶのに対して（絶対的独占権）、他人の著作物の存在を知らずに、たまたまよく似た著作物を創作しても著作権を侵害することにはなりません（相対的独占権）。

そのほかにも、著作権には財産的な利益を保護する権利だけではなく、著作者の精神的な利益も保護する人格権が認められること、著作権には特許権よりも長い存続期間が認められてい

ることなどの相違点が存在しています。

(4) 著作権制度を理解するポイント

　著作権制度の特許制度との最も大きな違いは、無方式制度を採用していることです。

　方式主義に基づく特許制度を理解するためには、出願や審査などのプロセスや手続の知識を得ることが重要でしたが、無方式主義を採用する著作権制度では、どのような著作物に対してどのような権利が発生するかを理解することが重要です。

　また、どのような行為に対して著作権の効力が及ぶのか、どのような場合にその効力が制限されるかについても理解しておく必要がありますので、こうした観点を中心に著作権制度についてみていくことにしましょう。

2 著作権によって保護される著作物には、どのようなものが該当しますか

(1) どのようなものが著作物に該当するか

　著作権法には、著作権によって保護される著作物について、「思想又は感情を創作的に表現したものであって、文芸、学術、美術又は音楽の範囲に属するもの」と定義されています（著作権法2条1項1号）。

　著作物は「思想又は感情」に関するものなので、事実を伝達するにすぎない報道や、単なるデータの羅列などは著作物に該当しません。

　また、著作物は「創作的」であることが必要です。具体的には、作者の個性が表れていることが求められますが、なんらかの個性が表れていればよいので、事実を対象にするものであっても、記者の個性が表れた新聞や雑誌の記事、伝え方を工夫して作成したプレゼンテーション資料などは、創作的な表現と認められます。

　さらに、著作物は「表現」されることが必要なので、表現される前のアイデア段階のものは著作物と認められません。著作物は「文芸、学術」等の文化的なものであることも必要とされるので、工業デザインのように産業の範囲に属するものは著作物としては保護されません。

図表4-2　著作物の具体例

- ■著作物……
  - 小説、論文等の言語の著作物
  - 音楽の著作物
  - 舞踊等の著作物
  - 絵画、彫刻等の美術の著作物
  - 建築の著作物
  - 地図、学術的な図面等の著作物
  - 映画の著作物
  - 写真の著作物
  - プログラムの著作物
- ■二次的著作物……翻訳、編曲、映画化等
- ■編集著作物　……新聞、雑誌等
- ■データベースの著作物

　これらの要件を満たす著作物について、著作権法には具体的な例が示されています（同法10条1項1号～9号、図表4-2参照）。コンピュータプログラムもそのなかに含まれており（同項9号）、ゲームソフトやスマートフォンのアプリも、著作物として著作権の保護対象に含まれます。

(2) その他の著作物

　著作権法には、固有の性質を有するその他の著作物として、いくつかの規定が設けられています。

　ある著作物の翻訳、編曲、映画化などによって新たに創作された著作物は、二次的著作物として保護されます（著作権法2条1項11号）。二次的著作物として翻訳や編曲などを行うためには、もとの著作物の著作権者の承諾が必要です（同法27条）。

また、二次的著作物を利用するには、二次的著作物の著作権者のみでなく、もとの著作物の著作権者の承諾を受けることも必要とされています（同法28条）。たとえば、小説を原作とする映画をDVDにして販売したい場合は、小説の著作権者と映画の著作権者の双方の承諾が必要になります。

なお、もとの著作物をわずかに改変した程度で、新たな創作性が認められないものは、二次的著作物には該当しません。逆に、もとの著作物とは異なる作品と認められるくらいに大幅な改変がされると、二次的著作物ではなく、新たな著作物として保護を受けられることもあります。

新聞や雑誌のように、複数の記事や写真などの素材を組み合わせて作成されたものは、その素材の選択や配列の創作性に着目して、編集著作物として保護されます（同法12条1項）。編集著作物の素材として、記事や写真など他の著作物が含まれていれば、編集著作物を利用するためには、編集著作物の著作権者のみでなく、素材の著作物の著作権者の承諾も受けなければいけません（同法12条2項）。

編集物の一種であるデータベースについても、情報の選択や体系的な構成に創作性が認められれば、データベースの著作物として保護されます（同法12条の2第1項）。データベースの著作物を利用するためにはデータベースに含まれる著作物の著作権者の承諾も必要になること（同法12条の2第2項）は、編集著作物と同様です。

3 著作権法において著作者となるのはだれか、法人が著作者となることがあるのか教えてください

(1) 著作者の一般原則

著作権法において、後に説明する著作者人格権と著作権（著作財産権）は、著作者に帰属すると規定されています（著作権法17条）。そのため、著作物が創作された場合に、権利の主体となる著作者がだれになるのかは重要な問題になります。

著作権法には、著作者となるのは「著作物を創作する者」と定められています（同法2条1項2号）。著作物の創作という行為を行うことができるのは自然人だけなので、著作者となるのは著作物を創作した自然人になるのが原則です。しかし、複数名が創作に関与するなど、原則をそのまま適用しにくいケースもあるため、著作権法にはいくつかの特別な規定が置かれています。

(2) 共同著作となる場合

まず、複数の者が共同で創作した、各人の寄与を分離して個別的に利用することができない著作物は、共同著作物と扱われることになります（著作権法2条1項12号）。共同著作者は著作権を共有して、譲渡や権利行使は共有著作権者全員の合意を得ることが原則です（同法65条）。

なお、複数の者が共同で創作した著作物であっても、分離して個別的に利用が可能なもの、たとえば、各章ごとに分担執筆された書籍や、詞と曲からなる楽曲は、共同著作物には該当せず、それぞれが独立した著作物として扱われます。

(3) 法人著作となる場合

著作物は通常は自然人によって創作されるものですが、一定の要件に該当する職務上作成された著作物については、法人が著作者となることがあります（著作権法15条）。法人著作となるための要件は、図表4－3の①〜④のとおりですが、特にポイントになるのが②と③です。

②の「法人等の業務に従事する者」には、従業員のほか、役員やパートタイマーも含まれます。ただし、法人著作が認められるのはあくまで法人内部の関係なので、外注先が作成した著作物については、開発費用等を負担したとしても発注元の法人が著作者になることはありません。コンピュータプログラムについては、開発の一部を外注することがよく行われていますが、著作権を取得するためには、開発資金を負担するだけでな

図表4－3　法人著作（職務著作）の要件

① 法人等の発意に基づいて作成されたこと
② 法人等の業務に従事する者が職務上作成する著作物であること
③ 法人等が自己の名義で公表する著作物であること
④ 契約、勤務規則その他に別段の定めがないこと

く、著作権を譲り受ける権利処理が必要になることに留意が必要です。

　③について、プログラムの著作物については、一般に公表される性格のものではないことを考慮して、例外的にこの要件は不要とされています。

(4) 映画の著作物の著作者

　著作権法には、創作にかかわる人数が多くなることが多い映画の著作物の著作者について、特別の規定が置かれています（著作権法16条）。映画の著作物の著作者となるのは、映画の全体的形成に創作的に寄与した者と定められており、通常はプロデューサーや監督が該当します。なお、映画の著作物にも法人著作の適用があるので、プロデューサーや監督の帰属する法人が著作者となる場合もあります。

4 著作物を創作した著作者には、どのような権利が発生しますか

(1) 著作者人格権と著作権（著作財産権）

本章－3で説明した著作者が著作物を創作すると、著作者人格権と著作権（著作財産権）が発生します。

著作者人格権と著作権はいずれも著作者に生じる権利ですが、前者が著作者の人格的な利益を保護する権利であるのに対して、後者は経済的利益を保護する権利として認められるものです。人格的な利益を保護する著作者人格権は、特許権などの産業財産権には認められていない権利で、著作者の人格的利益を保護する一身専属的な性質を有しており、他人に譲渡することはできません（著作権法59条）。一方、経済的利益を保護する著作権は、財産権として譲渡の対象になります。そのため、著作物の創作時点では、著作者人格権と著作権はいずれも著作者に帰属していますが、後に著作権が譲渡され、著作者人格権と著作権の権利者が異なることもあります。

なお、著作者人格権との違いを明確にするために、著作権を著作財産権と表現することもありますが、法文上の用語や一般的な呼び方にあわせて、本書では著作財産権ではなく著作権として説明することにします。

(2) 著作者人格権とは

著作者人格権には、公表権、氏名表示権、同一性保持権が含まれます。

公表権とは、著作物を公表するか公表しないか、公表するならばいつどのように公表するかを、著作者自身が決定できる権利です（著作権法18条）。

氏名表示権とは、著作物に著作者の氏名を表示するか表示しないか、表示するならばどのような名称を表示するか（実名か変名か）を、著作者自身が決定できる権利です（同法19条）。ただし、BGMなど著作者の氏名を表示しないのが慣行となっているようなケースでは、氏名表示の省略が認められることがあります。

同一性保持権とは、著作物の内容や題について、著作者の意に反して変更や切除などの改変を受けないことを保証する権利です（同法20条）。ただし、教科書に転載するための用字の変更や、コンピュータの機種やバージョンにあわせるために必要なコンピュータプログラムのカスタマイズなどは、例外的に改変が認められることとされています。

(3) 著作権とは

著作権は、著作物から得られる経済的利益を確保するために認められる権利です。著作権は、著作物の利用に権利者の許諾が必要な行為を対象にした、複製権、上演権・演奏権、上映権

などの複数の権利によって構成されています（著作権法21〜28条）。特許権などの産業財産権とは異なり、著作権はこうした複数の権利の束からなる権利であることが大きな特徴です。

それぞれの権利の対象となる利用行為には著作権者の許諾が必要であり、著作権者は許諾の対価を得ることなどによって、経済的な利益を確保することが可能です。逆にいえば、ここに規定されていない利用行為（たとえば小説を単に読むという行為）に、著作権者の許諾は必要ありません。

著作者に発生する権利の全体像について、図表4－4に整理しておきます。

図表4－4　著作者の権利

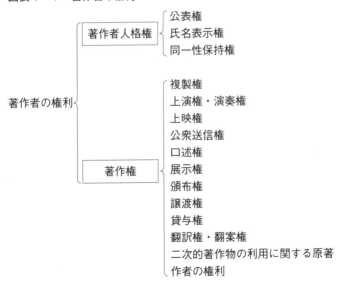

5 著作権の具体的な内容と、保護期間について説明してください

(1) 著作権の内容

著作権を構成するそれぞれの権利の内容を、具体的にみていくことにしましょう。

複製権（著作権法21条）とは、著作物を印刷、写真、複写、録音、録画などの方法によって有形的に再製する権利で、著作権のなかでも中核となる権利です。論文を無断でコピーする行為や、音楽を無断で録音する行為は、複製権の侵害に該当します。まったく同一の著作物を印刷や複製するケースに限らず、多少の手が加えられていても実質的な同一性が失われていなければ、複製権を侵害すると考えられています。

上演権・演奏権（同法22条）は、演劇の上演や音楽の演奏に関する権利です。生演奏だけでなく、録画の上演や録音の演奏も対象に含まれます。

上映権（同法22条の2）には、映画のスクリーンへの上映のほか、テレビやコンピュータのディスプレイに、写真などの静止画も含めた映像を映し出す行為も対象に含まれます。

公衆送信権（同法23条）は、著作物を公衆に送信し、公衆送信された著作物を公に伝達する権利です。具体的には、テレビ放送やラジオ放送などの公衆送信に関する権利のほか、イン

ターネット上のWebページを閲覧させる自動公衆送信を対象にした送信可能化権も認められています。インターネット上のWebページによる情報提供は、通常はサーバに著作物をアップロードしておくだけで著作物を直接相手方に送信するものではありませんが、著作物をサーバにアップロードして公衆のアクセスが可能になった段階で、送信が可能な状態になったとして、送信可能化権を侵害することになります。

口述権（同法24条）は、朗読、演説などに関する権利で、録音したものを再生する行為も対象に含まれます。

展示権（同法25条）は、美術品などの展示に関する権利です。

頒布権（同法26条）は、DVDなどの映画の複製物を、販売やレンタルすることを対象にした権利です。

譲渡権（同法26条の2）は、映画以外の著作物について、頒布権と同様に複製物を販売する行為を対象にした権利です。ただし、著作権者が販売した複製物にまでは適用されません。

貸与権（同法26条の3）は、映画以外の著作物の複製物を公衆に貸与する権利で、かつてレンタルレコードの登場によってレコード販売店が打撃を受けたことをきっかけにして、認められることになった権利です。音楽CD、ゲームソフトなどの複製物が対象になります。

翻訳権・翻案権（同法27条）は、著作物を翻訳、編曲、変形、脚色、映画化する権利です。著作物である小説を創作した場合には、この小説を翻訳したり、映画化したりする権利が該当します。つまり、小説を翻訳や映画化するためには、小説の

著作権者から許諾を得なければいけません。

二次的著作物の利用に関する原著作者の権利（同法28条）とは、翻訳、編曲、映画化などによって、もとの著作物から創作された二次的著作物について、もとの著作物の著作権者に対して認められる二次的著作物の著作権者と同等の権利のことです。たとえば、小説が映画化されたケースにおいて、二次的著作物である映画の著作権者は、複製権、上映権などの権利を有していますが、もとの著作物である小説の著作権者にも同等の複製権、上映権などの権利が認められることになります。そのため、この映画を上映したい場合には、映画の著作権者の承諾とあわせて、小説の著作権者の承諾を得なければなりません。

(2) 著作権の保護期間

続いて、著作権の保護期間をみておきましょう。

著作権は、著作物を創作した時に発生します（著作権法51条1項）。著作物の創作や著作権の譲渡などの行為を、文化庁や財団法人ソフトウェア情報センター（SOFTIC）に登録できる登録制度も設けられていますが、登録によって著作権が発生するというものではありません。

創作によって発生した著作権は、著作者の死後50年を経過すると消滅するのが原則です（同法51条2項、図表4－5）。特許権などの産業財産権に比べて、長い保護期間が認められていますが、50年の起点は著作物の創作時ではなく、著作者の死亡時（正確には著作者が死亡した日の属する年の翌年から起算）です。

図表 4 − 5　著作権の保護期間

　保護期間にはいくつかの例外があり、著作者が法人などの団体であれば、著作者の死亡を基準に保護期間を計算することができません。著作者がだれかを特定できない場合も、著作者の死亡を基準にできないことは同様です。そこで、法人などの団体が著作者となる場合や著作者が特定できない場合については、例外的に、存続期間を著作物の公表（正確には著作物の公表された日の属する年の翌年から起算）から50年（映画の著作物については70年）が経過するまでと規定されています（同法52〜54条）。

　著作権の保護期間について、国際的に有力なコンテンツを数多く保有する米国では、著作者の死後70年間が原則とされています。保護期間の延長問題はTPP（環太平洋経済連携協定）における争点の1つとなっており、交渉の行方によっては保護期間が延長される可能性があります。

第4章　創作的な表現を保護する知的財産制度

6 著作物について発生した著作権には、どのような活用形態がありますか

(1) 著作権の活用形態

経済的な利益を保護する財産権である著作権は、さまざまな形態で活用することができます（図表4-6）。

著作権の対象となる著作物は、自らが複製や上演などをすることによって活用できますが、著作権という権利が直接的な活用の対象になるのは、著作権の譲渡やライセンスが行われる場面です。

著作権は移転が可能なので、他人に譲渡することによって対価を得ることができます。著作権の譲渡は、著作権全体を対象にすることも、複製権などの一部の権利のみを対象にすること

図表4-6 さまざまな形態での著作権の活用例

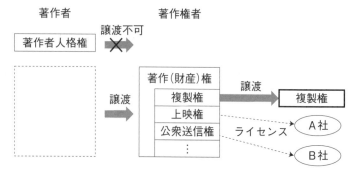

も可能です（著作権法61条）。

また、著作権を他人にライセンスすることによって対価を得ることもできます。ライセンスは著作権全体でも、複製権などの一部の権利のみを対象にしてもよく、対象地区や期間などの条件を設定することも可能です。

なお、一身専属で認められる著作者人格権は、他人に譲渡することができません（同法59条）。

(2) 出版権の設定

出版社などが小説などの著作物を独占的に出版したい場合には、著作物の複製権者から出版権の設定を受けることができます（著作権法79条）。出版権の設定を受けた出版権者は、著作物を独占排他的に出版することが可能になる一方で、著作物を継続的に発行するなどの義務を負うことになります（同法81条）。

なお、昨今の電子書籍の普及に対応して、2014年の法改正によって電子書籍にも出版権の設定が可能になりました。

(3) 複製物の所有権と著作権の関係

前述のとおり、財産権である著作権は他人に譲渡することが可能ですが、著作権の譲渡において混同されやすいのが、著作物の複製物の譲渡との関係です。

たとえば、小説の書籍を購入するケースについて考えると、書籍は小説という著作物の複製物に該当します。書籍を購入するという行為は、著作物の複製物を購入する、つまり著作物の

複製物の所有権を取得する行為になります。書籍を所有することとなった購入者は、購入した書籍を読むことができるのはもちろん、自らの所有物なので、マーカーで色を塗っても、切抜きをしてもかまいません。

ところが、対価を払って書籍を購入したからといって、小説の著作権を手に入れたわけではありません。複製権を有していない購入者は、書籍を自由にコピーできないのです（図表4－7）。コピーをしたければ、著作権者から許諾を受けなければならないのが原則です。実際は、気に入ったページをコピーすることがあるかもしれませんが、これは後に説明する私的使用のための複製（著作権法30条）という規定の適用を受けて、例外的に認められる行為という位置づけになります。

DVDなどの媒体で購入するソフトウェアも同様で、DVDという複製物を購入することによって、ソフトウェアを所定の回

図表4－7　書籍の購入と著作権

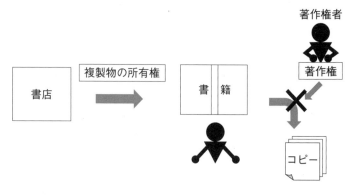

数までコンピュータにインストールすることが許されます。ところが、複製物の所有者であるとはいっても、許諾された回数を超えて複数のコンピュータにインストールすることは、複製権の侵害に該当するため許されません。

7 著作権者の許諾を得ることなく、著作物を利用できることがありますか

(1) 著作権の効力が制限されることがある

著作物の複製などを行いたければ、著作権者の許諾を得なければならないのが原則です。しかし、いかなる場合も著作権者の許諾を要求することにすると、著作物の公正で円滑な利用が妨げられ、文化の発展という著作権法の目的に反してしまうこともあります。場合によっては著作物の自由な利用を認めるのが、文化の振興という観点から望ましいケースもあるため、著作権法には、著作物を自由に利用できるいくつかの例外規定が設けられています。

(2) 私的な目的の複製は許される

著作物の個人的な使用を目的とする複製、家庭内における使用を目的とする複製については、私的使用のための複製として、著作権者の許諾を得なくてもよいこととされています（著作権法30条）。こうした複製にまで著作権者の許諾を要求することは現実的ではなく、著作物の利用を過度に制限するおそれがあるためです。

この規定によって、自分で使用するために書籍の一部をコピーすることや、留守中に放映されるテレビ番組を録画してお

くことに、著作権者の許諾は不要となりますが、そのコピーや録画を他人に販売することまでは許されません。また、企業内において新聞記事のコピーを配布する行為は、個人的な使用にも家庭内の使用にも当たらないため、原則どおり著作者の許諾が必要になります。

(3) 一定の要件を満たせば引用も可能

新聞や雑誌の記事、論文などに、他人の著書の一部が引用されていることがあります。著作権法には、公表された著作物を引用して利用できることが規定されていますが、公正な慣行に合致し、報道、批評、研究その他の引用の目的上正当な範囲で行われるものでなければ、著作権者の許諾を得ずに他人の著作物を引用することは認められません（著作権法32条1項）。

正当な引用と認められるためには、次の要件に該当することが必要です（図表4－8）。

まず、他人の著作物を引用する部分が、自己の著作物の部分と明瞭に区別できるものであることが必要です。また、引用する部分が主となってしまうと、もはや自己の著作物とは認められないので、あくまで自己の著作物が主であり、引用する部分が従になるという関係にあることが必要です。引用はむやみに行うべきものではなく、自己の著作物において他人の著作物を引用することの必然性も求められます。

引用を行う際には、引用する著作物の出所を明示しなければいけません（同法48条1項）。書籍の一部を引用する場合であれ

図表4-8 引用が認められる要件

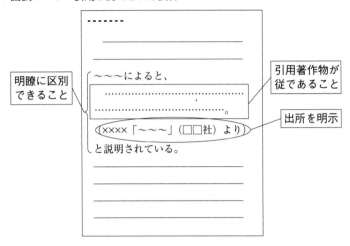

ば、著者名、書籍のタイトル、出版社名などを表示することが一般的です。

このほかに、国や公共機関が公表する広報資料や調査統計資料は、引用の要件を満たすかどうかにかかわらず、禁止の表示がない限り転載が可能です（同法32条2項）。転載禁止と表示されていれば自由に転載することはできませんが、引用の要件を満たせば、引用することは可能です。

(4) そのほかに著作権が制限される場合

私的使用のための複製や引用のほかにも、著作権が制限される場合がいくつか規定されています。

たとえば、風景写真を撮影したら背景に他人のポスターが

写ってしまっていた、ビデオを撮影したらその場で流れていた音楽が録音されてしまっていた、といったケースでは、形式的には他人の著作物を無断で複製したことになってしまいます。こうした行為にまで著作権者の許諾を要求すると、自由な創作活動が制限されることになってしまうため、付随的な著作物のいわゆる「写り込み」は、分離が困難で軽微な構成部分であり、その著作物の著作権者の利益を不当に害するものでなければ、著作権の侵害には当たらないと規定されています（著作権法30条の2）。

また、調査研究目的の図書館での複製（同法31条）、学校用の教科書への掲載（同法33条）、学校教育番組での放送（同法34条）、授業に使用するための学校などでの複製（同法35条）、コンピュータプログラムの必要な限度でのバックアップ用のコピー（同法47条の3）などについても、例外的に著作権者の許諾が不要と規定されています。

8 著作権侵害と判断されるのは、他人の著作物をどのように利用する場合ですか

(1) 著作権の侵害となる場合

　著作権者の許諾を受けることなく、著作物の複製、上映などの所定の行為を行うと、著作権を侵害することになります。どのような行為が著作権侵害に該当するかは著作権法に定められていますが、著作物の利用形態は時代によって変化するため、レンタルビジネス、インターネットなどの登場にあわせて、著作物の複製物を貸与する行為や、著作物をインターネット上にアップロードする行為などが、著作権の効力が及ぶ対象に追加されてきました。

　著作権侵害の対象になるのは、実質的に同一、または類似する著作物です。たとえば複製権であれば、ある著作物と同一の著作物を複製する場合だけでなく、類似する著作物を複製しても著作権を侵害することになります。

　著作物が類似するかどうかは、著作物の創作的な部分を中心に判断されますが、類似範囲を超える創作性が認められれば、二次的著作物や別個の著作物と判断されることもあります。別個の著作物であれば、もとの著作物の著作権を侵害することはありませんが、二次的著作物であれば、もとの著作物の著作権者の許諾を受けて創作する必要があります。

さらに、実質的に同一か類似の著作物について法定の利用行為が行われるだけではなく、他人の著作物に「依拠」していることが侵害の要件とされています。

(2) 他人の著作物に「依拠」するとは

では、どのような場合に、他人の著作物に依拠していると判断されるのでしょうか。

　依拠の意味は「よりどころにする」ということです。すなわち、他人の著作物をそのままコピーするケースはもちろんのこと、他人の著作物を参考にしてよく似た著作物を創作するようなケースも依拠に該当します。逆に、他人の著作物に依拠していない場合、つまり、他人の著作物の存在を知らずに、たまたま自らが創作した著作物が他人の著作物に類似していたという場合には、その他人の著作物の著作権を侵害することにはならないのです。

　この依拠性に関する要件は、特許権などの産業財産権の侵害にはない考え方です。産業財産権は、相手方がその存在を知らない場合であっても、所定の行為を行えば権利侵害に該当するのが原則でした。他人の著作物に依拠することを侵害の要件としていることは、著作権制度の大きな特徴の1つであり、産業財産権の独占的な効力を絶対的独占権と呼ぶのに対して、著作権の独占的な効力を相対的独占権と呼んで区別することがあります。

(3) 侵害された場合の救済手段

著作権を侵害された著作権者は、差止め（著作権法112条）や損害賠償（民法709条）を請求することができます。著作者人格権の侵害に対しては、差止請求や損害賠償請求のほかに、謝罪広告などの名誉を回復するための措置を請求することも可能です（著作権法115条）。

また、著作権を侵害した者に、刑事罰が適用される場合もあります（同法119条等）。

9 著作物を社会に伝える役割を担う実演家やレコード製作者には、どのような権利が認められますか

(1) 著作物の実演などで著作隣接権が発生

音楽や脚本などの著作物は、実演され、音楽CDや放送などのかたちになって、広く社会に伝達されていきます。著作物は広く社会に伝えられることによって、文化の発展に貢献するものであるため、著作物を伝達する役割を担う実演家やレコード製作者などの利益を保護することも必要です。こうした実演家やレコード製作者などに認められている権利が、著作隣接権です（著作権法89条）。

著作隣接権も著作権と同様に、権利を取得するのに、出願や登録料納付などの手続は必要ありません（無方式主義）。権利の内容は、実演家、レコード製作者、放送事業者、有線放送事業者のそれぞれについて定められています。

(2) 著作隣接権の内容

俳優、舞踊家、演奏家、歌手などの実演家には、実演を録音や録画する権利（著作権法91条）、実演を放送する権利（同法92条）、実演をインターネット上で送信可能にする権利（同法92条の2）などの経済的利益を保護する権利だけでなく、著作者人格権の氏名表示権や同一性保持権に対応する、実演家の人格的

な利益を保護する権利も認められています（同法90条の2、90条の3）。保護を受けることができる実演家には、実際に実演を行う者のほか、実演を指揮する指揮者や、実演を演出する演出家も含まれます（同法2条1項4号）。

　レコード製作者には、レコードを複製する権利（同法96条）、レコードをインターネット上で送信可能にする権利（同法96条の2）などの経済的利益を保護する権利が認められています。著作者隣接権が認められるレコード製作者とは、レコードに固定されている音を最初に固定した者のことです（同法2条1項6号）。レコードを発行して販売しているレコード会社に限られるものではなく、実際は音楽出版社と呼ばれる会社が権利者となることも多いようです。

　放送事業者と有線放送事業者には、放送などを複製する権利（同法98条、100条の2）、放送を再放送する権利（同法99条）などの経済的利益を保護する権利が認められています。

(3) 著作隣接権の保護期間と効力

　著作者隣接権の保護期間は、実演家については、実演を行った時から実演日の属する年の翌年から50年、レコード製作者については、原則として音を最初に固定した時からレコードの発行日の属する年の翌年から50年、放送事業者と有線放送事業者については、放送を行った時から放送日の属する年の翌年から50年と定められています（著作権法101条）。

　著作隣接権を侵害されると、著作権と同様に、差止請求、損

害賠償請求による救済が与えられます。ただし、私的使用のための複製や引用については、著作隣接権も著作権と同様の制限が設けられています（同法102条）。

著作隣接権の位置づけについては、次のような例を考えてみるとわかりやすいでしょう（図表4－9）。

アーティストがある楽曲を演奏したい場合には、作詞家や作曲家などの楽曲の著作権者から許諾を得ることが必要です（実際はJASRACなどの音楽著作権の管理団体から許諾を受けるのが一般的です）。そのアーティストの演奏から音楽CDを製作したい場合には、CD製作者は楽曲の著作権者に加えて、著作隣接権者であるアーティストからも許諾を得ることが必要です。さらに、その音楽CDを製造販売したいレコード会社や、Webペー

図表4－9　音楽CDに関連する権利

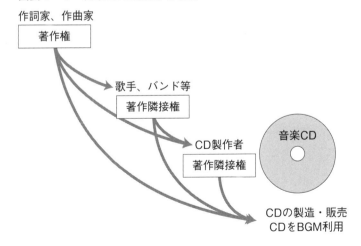

ジなどのBGMに利用したい事業者は、楽曲の著作権者に加えて、著作隣接権者であるアーティストとCD製作者からも許諾を得ることが必要になります。

コンピュータプログラムの保護は、著作権のみで万全か？

パソコンやスマートフォンなどで利用するアプリケーションソフトなどのコンピュータプログラムは、著作物として著作権によって保護されるものです（著作権法10条1項9号）。つまり、コンピュータプログラムを創作すれば著作権による保護を受けられることになりますが、これで模倣対策は万全といえるでしょうか。

結論からいうと、著作権による保護だけでは不十分となるケースもあります。コンピュータプログラムは特許権の保護対象となる場合もあり、特許権によらないと対処できない模倣形態もあるためです。

●表現は著作権で、アイデアは特許権で保護される

コンピュータプログラムを創作すると、その表現が著作権によって保護され、そのベースにあるアイデアが特許権によって保護されるという関係になります。これでは抽象的でわかりにくいので、もう少し具体的に説明しておきましょう。

プログラムによってコンピュータにある処理を行わせたい場合には、Aの処理を行った後に、Bの要件に該当するかを判断し、該当すればCの処理、該当しなければDの処理というように、その処理手順を整理していくことが必要になります。図表4-10に示したように、フローチャート化した処理手順がコンピュータプログラムの骨格となりますが、このコンピュータによる処理手順（アルゴリズム）を発明ととらえて、特許権を取得できる場合があります。特許権を取得するためには、特許庁に出願して、新規性などの特許要件を満たすことが審査で確認され、設定登録を受けることが必要です。

図表4-10　著作権と特許権の保護対象

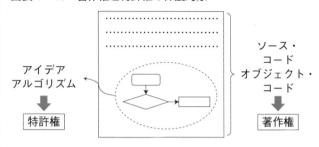

　こうしたアイデアをコンピュータプログラムに実装するためには、プログラムのソース・コードを書く作業が必要になりますが、こうして作成されたコードが、創作的な表現として著作権によって保護されることになります。著作権は創作によって発生するものなので、特許権のように新規性等の要件が要求されることはありません。

●著作権による保護と特許権による保護

　著作権、特許権それぞれによる保護について、図表4-11の例に沿って、具体的に考えてみましょう。プログラムAには、特許権によって保護されているアイデアXが含まれていることを前提とします。

　1番目は、プログラムAをそのまま無断で複製して販売する、いわゆるデッドコピーのケースです。プログラムをそのまま複製しているので、著作権の侵害に該当することは明らかです。アイデアXもそのまま利用されているため、特許権侵害にも該当することになります。

　2番目は、プログラムAのアイデアを盗用して、これを模倣したプログラムA'を販売するケースです。アイデアXが用いられているため、特許権の侵害には該当するものの、著作権侵害となるかどうかは、プログラムA'がプログラムAにどの程

図表4-11 ケース別の著作権・特許権の効力

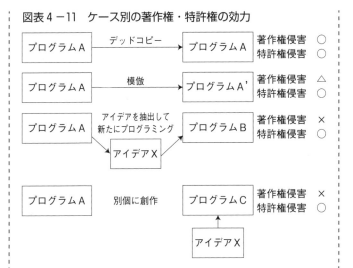

度類似しているかによって結論は異なります。

3番目は、ある技術者がプログラムAからアイデアXのみを抽出し、これを他の技術者に渡してプログラムBを創作する、いわゆるリバースエンジニアリングによるケースです。アイデアXが用いられているので、特許権の侵害には該当するものの、著作物としてのプログラムBはプログラムAに依拠して創作されたものではないため、著作権を侵害することにはならないのが原則です。

4番目は、すでに存在していたプログラムAの存在を知らないで別個に創作されたプログラムCが、偶然にもプログラムAとまったく同一であったというケースです。アイデアXに基づくものなので、特許権の侵害には該当するものの、新たな著作物であるプログラムCはプログラムAに依拠して創作されたものではないため、著作権を侵害することにはならないのが原則です。

第4章 創作的な表現を保護する知的財産制度 191

このように、プログラムを保護するのに著作権、特許権のどちらが有効であるかは、ケースによってさまざまです。図表4－11からは、特許権を取得するほうが有利にもみえますが、プログラムに必ず特許権の対象になるアイデアが含まれているとは限らないうえに、特許権の取得には手間も費用もかかります。どのような侵害形態がありうるかを想定しながら、それぞれに効果的な保護のあり方を検討することが求められます。

事項索引

い
依拠 …………………… 183
育成者権 ………………… 13
意匠 …………………… 114, 116
意匠権 ………………… 113, 121
意匠公報 ……………… 118
意匠登録 ……………… 118
意匠登録出願 ………… 118
意匠の国際登録制度 ……… 120
インカムアプローチ ……… 30
引用 …………………… 179

う
写り込み ……………… 181

え
営業秘密 ……………… 35, 103
営業秘密管理指針 ……… 105

お
オープン&クローズ戦略 …… 84

か
願書 …………………… 54
間接侵害 ……………… 86

き
共同著作 ……………… 164
拒絶査定 ……………… 61, 134
拒絶査定不服審判 ……… 63, 134
拒絶審決 ……………… 63, 134
拒絶理由通知 ………… 60, 132
均等論 ………………… 86

く
クロスライセンス ………… 82

け
形態模倣行為 ………… 122

こ
公開特許公報 ………… 58
工業上利用 …………… 116
工業デザイン ………… 113
公衆送信権 …………… 170
口述権 ………………… 171
更新登録 ……………… 138
公表権 ………………… 168
国際調査報告 ………… 96
コストアプローチ ……… 29

さ
財団法人ソフトウェア情報センター (SOFTIC) … 172
差止請求権 …………… 72
産業財産権 …………… 13
産業上利用 …………… 51

し
識別力 ………………… 128

実演家 …………………… 185	専用実施権 ………………… 74
実用新案技術評価書 ……… 101	
実用新案権 ………………… 100	**そ**
私的使用のための複製 …… 178	創作非容易性 ……………… 117
氏名表示権 ………………… 168	送信可能化権 ……………… 171
周知表示混同惹起行為 …… 122, 151	相対的独占権 ………… 159,183
	損害賠償請求権 …………… 72
出願公開 …………………… 58	
出願審査の請求 …………… 59	**た**
出版権 ……………………… 175	貸与権 ……………………… 171
種苗法 ……………………… 13	
上映権 ……………………… 170	**ち**
上演権・演奏権 …………… 170	地域団体商標 ……………… 131
商号 ………………………… 125	知財総合支援窓口 ………… 154
使用主義 …………………… 128	知的財産 ………………… 4,7
譲渡権 ……………………… 171	知的財産管理技能検定 …… 154
商標 ………………………… 124	知的財産管理技能士 ……… 154
商標権 ………………… 124,150	知的財産基本法 …………… 3
商標登録出願 ……………… 132	知的財産権 ……………… 4,12
商標登録の無効審判 ……… 142	知的財産権を担保にした
商標の国際登録制度 ……… 135	融資 …………………… 107
職務発明 …………………… 91	知的財産高等裁判所 ……… 80
職務発明規程 ……………… 91	知的財産推進計画 ………… 3
新規性 ………………… 52,117	知的財産の価値評価 ……… 29
審決取消訴訟 ……………… 66	知的財産の活用 …………… 24
進歩性 ……………………… 52	知的財産の証券化 ………… 109
	知的資産 …………………… 5
す	知的資産経営報告書 ……… 6
図面 ………………………… 55	知的創造サイクル ………… 23
	著名表示冒用行為 ………… 122
せ	著作権 ………………… 157,168
絶対的独占権 ………… 159,183	著作者 ……………………… 164
先使用権 …………………… 87	著作者人格権 ……………… 168

著作物 …………………… 161
著作隣接権 ………………… 185
著名表示冒用行為 ………… 151
地理的表示法 ……………… 131
地理的表示保護制度 ……… 131

つ
通常実施権 ………………… 75

て
データベースの著作物 …… 163
展示権 ……………………… 171

と
同一性保持権 ……………… 168
登録異議の申立て ………… 142
登録査定 …………………… 134
登録主義 …………………… 128
登録審決 …………………… 134
独占的通常実施権 ………… 76
特許異議の申立て ………… 65
特許協力条約（PCT）に
　基づく国際出願制度 … 37,95
特許権 ……………………… 34
特許公報 …………………… 64
特許査定 …………………… 61
特許出願 …………………… 54
特許審決 …………………… 63
特許請求の範囲 …………… 55
特許発明の技術的範囲 …… 67
特許ポートフォリオ ……… 83
特許無効審判 ……………… 65

に
二次的著作物 ……………… 162
二次的著作物の利用に関
　する原著作者の権利 …… 172
日本知的財産仲裁セン
　ター ……………………… 79

は
ハーグ協定のジュネーブ
　改正協定 ………………… 120
ハウスマーク ……………… 127
発明 ………………………… 42
パテントプール …………… 83
パリ条約 ………………… 36,93
頒布権 ……………………… 171

ひ
ビジネスモデル特許 ……… 45
秘密意匠 …………………… 118
品種登録 …………………… 14

ふ
複製権 ……………………… 170
不使用取消審判 …………… 143
不正競争防止法 …… 11,122,151
普通名称化 ………………… 144
物品 ………………………… 114
部分意匠 …………………… 116

へ
弁護士 ……………………… 153
編集著作物 ………………… 163
弁理士 ……………………… 153

ほ
方式主義 …………………… 159
法人著作 …………………… 165
放送事業者 ………………… 186
翻訳権・翻案権 …………… 171

ま
マーケットアプローチ ……… 30
マドリッド・プロトコル … 135

む
無審査登録制度 …………… 101
無方式主義 ………………… 159

め
明細書 ……………………… 55

ゆ
優先権制度 ………………… 94
有線放送事業者 …………… 186

よ
要約書 ……………………… 55

れ
レコード製作者 …………… 186

■著者略歴■

土生　哲也（はぶ　てつや）

1989年京都大学法学部卒業、日本開発銀行（現・株式会社日本政策投資銀行）入行。
知的財産を担保にしたベンチャー企業向け融資や、同行系ベンチャーキャピタルの立上げを担当する。2000年弁理士登録、2001年土生特許事務所開業。金融、ソフトウェアなどの特許実務に携わるほか、特許庁や各地の経産局で中小企業向け知的財産戦略関連事業の委員を歴任、2015年には政府の知的財産戦略本部で知財活用促進を議論するタスクフォース委員も務めた。近年は、中小企業経営者や金融機関向けセミナーの講師を、年間50件近く務めている。
主な著書に、『元気な中小企業はここが違う！――知的財産で引き出す会社の底力』『よくわかる知的財産権担保融資』（金融財政事情研究会）、『経営に効く７つの知財力』（発明協会）、『知的財産のしくみ』（日本実業出版社）、『知的財産の分析手法』（中央経済社）がある。

KINZAIバリュー叢書
ゼロからわかる　知的財産のしくみ

平成27年8月27日　第1刷発行

　　　　　　　　　　　著　者　土　生　哲　也
　　　　　　　　　　　発行者　小　田　　　徹
　　　　　　　　　　　印刷所　三松堂印刷株式会社

〒160-8520　東京都新宿区南元町19
発　行　所　一般社団法人 金融財政事情研究会
　　編集部　TEL 03(3355)2251　FAX 03(3357)7416
販　　　売　株式会社きんざい
　　販売受付　TEL 03(3358)2891　FAX 03(3358)0037
　　　　　　　URL http://www.kinzai.jp/

・本書の内容の一部あるいは全部を無断で複写・複製・転訳載すること、および磁気または光記録媒体、コンピュータネットワーク上等へ入力することは、法律で認められた場合を除き、著作者および出版社の権利の侵害となります。
・落丁・乱丁本はお取替えいたします。定価はカバーに表示してあります。

ISBN978-4-322-12692-1

KINZAI バリュー叢書

リーガル・エクササイズ
―裁判官から見た「法と社会」「事件と人」
●加藤新太郎[著]　四六判・276頁・定価(本体1,800円+税)

信託入門
●友松義信[著]　四六判・272頁・定価(本体1,800円+税)

日本の知財戦略
●中原裕彦[著]　四六判・240頁・定価(本体1,800円+税)

金融商品取引法入門
●栗原脩[著]　四六判・340頁・定価(本体2,000円+税)

最近の不動産の話
●吉田修平法律事務所[著]　四六判・260頁・定価(本体1,600円+税)

最新私的整理事情
●田口和幸・加藤寛史・松本卓也・ロングブラックパートナーズ[著]
　四六判・244頁・定価(本体1,800円+税)

ゼロからわかる コンプライアンス
●宇佐美豊[著]　四六判・148頁・定価(本体1,200円+税)

社内調査入門
―"守りの法令遵守"から"戦略的不祥事抑止"へ
●中村　勉［著］　四六判・228頁・定価（本体1,600円+税）

再エネ法入門
―環境にやさしい再生可能エネルギービジネス入門
●坂井　豊・渡邉雅之［著］　四六判・320頁・定価（本体1,800円+税）

債権回収の初動
●島田法律事務所［編］　四六判・248頁・定価（本体1,400円+税）

コーポレートガバナンス入門
●栗原　脩［著］　四六判・236頁・定価（本体1,600円+税）

原子力損害賠償の法律問題
●卯辰　昇［著］　四六判・224頁・定価（本体1,800円+税）

クラウドと法
●近藤　浩・松本　慶［著］　四六判・256頁・定価（本体1,800円+税）

最新保険事情
●嶋寺　基［著］　四六判・256頁・定価（本体1,800円+税）